新世ライブラリ Life & Society

1

説得力

社会心理学からのアプローチ

今井芳昭

Yoshiaki Imai

新世社

はじめに
——説得に悩んでいるあなたへ

本書は，説得の送り手向けに書いた，説得に関する本です。送り手として，人を説得しなければならない場合，どのような点に注意して説得する必要があるのか，本書ではその点について見ていきたいと思います。

改めて言うまでもなく，私たちは多くの他者と共に社会を作り，その中で生きています。各個人がそれぞれに自分自身の信じるところにしたがって，いろいろな考えを持ち，行動しています。そうした中で，時として，他者の考えや行動を変えたいと思うときがあります。送り手の考え方を支持し，それに沿った行動を受け手に取って欲しいと思うときがあります。例えば，

- 健康のために，家族に禁煙してもらいたい。
- ビデオゲームを早々に切り上げ，学校の宿題を始めて欲しい。
- 自治体が道路拡張のために桜の木を伐採することに反対する署名に協力して欲しい。

などのような場合です。これ以外にも，人の考えや行動を変えたいと思う事例には事欠かきません。私たちの社会は，そうした働きかけ合いによって日々，動いていると言ってよいでしょう。そうする

と，人に働きかける送り手の側から見れば，いかに効果的に受け手に働きかけ，自分の望む状態を作り出すかということに関心が向きます。本書は，説得という行為を段階ごとに捉え，送り手の質問，疑問，関心に対する一つの答えを提供しようとするものです。

説得をする際には，受け手に提示する説得メッセージを考えるだけでは不十分です。それ以外の準備も必要です。さらに，受け手が説得に応じてくれなかった場合にどのようにすればよいかについても考えておく必要があります。さらには，説得における倫理（何をすることが正しく，何が誤りか）についても考えをめぐらしておく必要があります。（そもそも「説得」とはどのようなことなのかについては，序章をご覧ください。）

こうした点について，主に社会心理学における説得研究の知見（研究成果）に基づいて記述していますが，社会心理学で扱っている説得状況には，特有の側面があります。説得の効果を確認するために，主に質問紙（正確に表現すれば，質問紙実験）を用いて研究が進められています。例えば，質問紙の中に説得メッセージを記載し，被験者（実験参加者）にそれを読んでもらい，そのときにどのようなことを考えたかを書き留めてもらい，そして，その説得メッセージにどの程度賛成できるかを5〜9段階ぐらいの尺度（全くそう思わない〜非常にそう思う）で回答してもらうのが一般的です。

でも，私たちがふだんの生活で人を説得する際に質問紙を介して行うことはまずありません。通常は，対面して対話を通して行うことが多いでしょう。ということは，質問紙では確認できない側面が多くあるということです。例えば，質問紙では，送り手と受け手の対話のやりとりは再現できません。送り手から受け手へ説得メッセージを提示して，それに受け手が反応するだけです。それに対して日常場面では，送り手と受け手がそれぞれの考えを述べ合い，最終的に受け手が送り手の考えに賛同するか，反対するかになるでしょう。その上で，送り手は次にどうするかを考えます。また，送り手と受け手の互いの服装や身振りや手振り，声の調子（非言語的コミュニケーション（NVC，ノンバーバル・コミュニケーション）と呼ばれます）などは，質問紙ではわかりません。

本書が扱うような，日常場面での説得となると，こうした社会心理学の研究成果だけでは足りません。そこで，本書では，社会心理学の研究成果と共に，説得に関連すると考えられる，臨床心理学（特に，クライエント中心療法の対人関係スキル）の研究成果に，非言語的コミュニケーションや交渉の知見も加えて，説得の効果を上げるポイントを紹介していきたいと思います。

図1は，送り手として人を説得しようとするときに，まずどのような点に注意を払っておく必要があるのか，どのような点について準備しておくのか，受け手が賛成（応諾）しなかったらどうすればよいのか，なかなか受け手との意見の調整がつかなかった場合にはどうすればよいのかなどをまとめた「説得における7つの鍵」と，本書の各章との対応を示したものです。

人を説得することのポイントは，受け手からの抵抗を極力避け，送り手側の考えや希望，期待を受け手に納得し，受け入れてもらうことです。ノウルズとリン（2004）によれば，**受け手が示す抵抗**には，4種類あるということです。すなわち，心理的リアクタンス（反発），不信，（悪意のある）精査，そして，無反応です。

心理的リアクタンスは（第4章参照），受け手の自由を制限しようとする送り手からの説得に対して，受け手が自分の自由を確保しようとして，送り手の思うようには考えを変えないようにすること（反発）です。また，不信とは，送り手や説得メッセージに対する不信感です。「それが好きではない」という感情的な反応であったり，「それは信じられない」という認知的な反応であったりします。第三の精査（scrutiny，第1章参照）とは，悪意を持って説得メッセージをくまなく精査し，何か落ち度があれば揚げ足をとろうとすることです。これは，説得メッセージをよく吟味して，考えを深めようとする精査（elaboration）とは異なり，始めから送り手に反対するつもりで，メッセージを詳しく検討しようとする姿勢です。最後の無反応（inertia）について，ノウルズらは詳しく述べていませんが，説得メッセージに対して受け手が何ら反応を示さないことです。反発さえせずに無視する状態と言えます。

皆さんの多くは，「北風と太陽」というイソップ物語をご存知だと思います。こうした受け手の抵抗を回避するには，「北風と太陽」になぞらえれば，無理矢理「北風」を吹かせて受け手の抵抗を取り除くのではなく，受け手に対して「太陽」となり，受け手が自ら自分の抵抗を弱めていくようにしていくことでしょう。それが，結局，両者にとってよい結果をもたらすと考えられます。もちろん，「太陽」作戦が必ず受け手の納得を引き出すというわけではなく，また，受け手が納得するまでに時間がかかってしまうかもしれません。しかし，送り手と受け手の人間関係を損なうことなく，両者が望むものを得やすくなると考えられます。本書では，送り手にとっての「太陽」作戦を順に見ていきたいと思います。

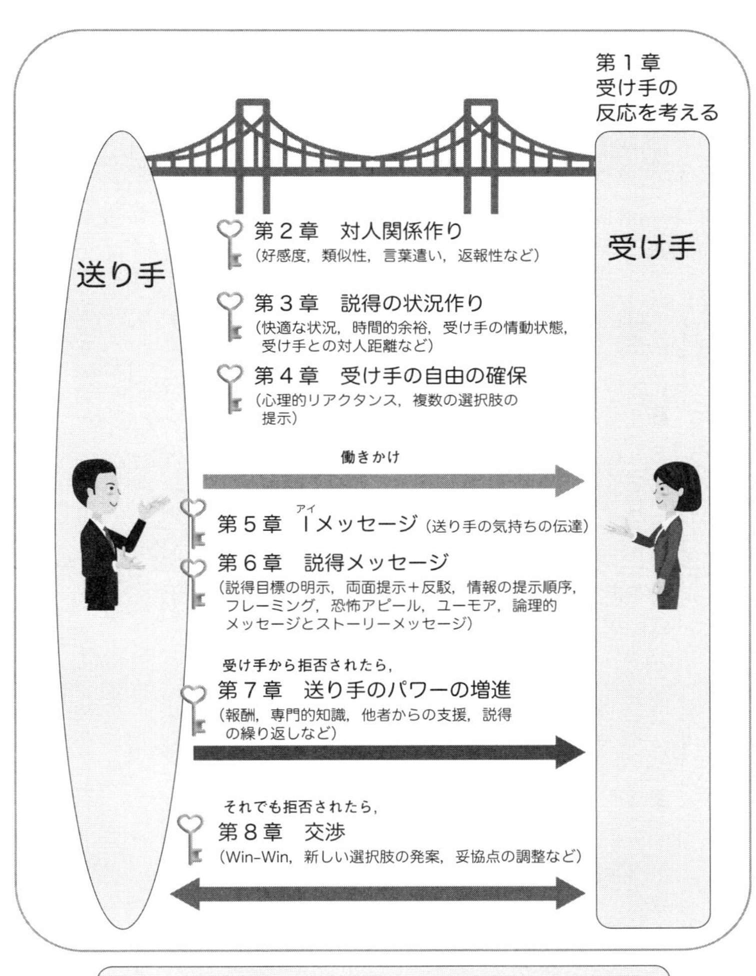

図１　説得における７つの鍵（第２章〜第８章）と本書の概要

目　次

序　章　説得とは――その流れと７つの鍵　1

●説得とは……2
●社会心理学における「説得」……3
●Ⅰ　送り手利益優先の働きかけ……6
●Ⅱ　受け手利益優先の働きかけ……10
●Ⅲ　第三者利益も関わる働きかけ……11
●社会心理学における説得の定義……12
●本書で扱う説得……16
●説得の流れと７つの鍵……19

第１章　説得の受け手の反応
――説得情報をどのように処理しているか　25

●【事例】　大学卒業試験実施への賛否……25
●ヒューリスティクスの影響……27
●説得の精査可能性モデル……28
●２つの情報処理ルート……31
●説得メッセージに含まれる論拠……34
●説得における自己検証……35
●説得を促す３つのポイント……37
●認知的容易性（認知，理解のしやすさ）……38
●プライミング効果……40

■トピック１　説得の倫理性　44

第２章　受け手とのよい人間関係
——アプローチの第一歩　53

●受け手とのよい関係性……54
●送り手の属性……67

第３章　説得状況の準備
——効果を上げる意外なポイント　75

●快適な環境作り——温度……76
●快適な環境作り——音……78
●快適な環境作り——香り……80
●快適な環境作り——他者……82
●受け手の心理的状態……84
●受け手の情動状態……85
●受け手をよい気分にするには……86

第４章　受け手の自由とリアクタンス
——相手の反発を捉える　89

●心理的リアクタンス……90
●リアクタンスを高めるもの……92
●３レベルの自由とリアクタンス……95
●自由への脅威をもたらすもの……96
●リアクタンス生起後の反応……98
●リアクタンスとは何？……99
●説得時にリアクタンスを引き起こすもの……100
●説得時のリアクタンスを抑制するためには……102

第５章　説得前のＩメッセージ
——説得しないで済ませる方法　107

●クライエント中心療法……107
●トマス・ゴードンによる日常生活へのアレンジ……109
●Ｉメッセージ……110
●Ｉメッセージの作り方……111
●Ｉメッセージはなぜ効果的なのか……114
●Ｉメッセージが効果を持つための条件……114
●Ｉメッセージが通用しなかった場合……116

第６章　説得メッセージ（論拠とストーリー）
——どのように組み立てるか　117

●説得の目標の確認……118
●論理的メッセージの説得効果を高める要因……119
●説得メッセージを作る際に関連する要因……122
●事例　両面提示＋反駁の説得メッセージ
——大学卒業試験導入……125
●再びＩメッセージ……139
●論理的説得とストーリー説得……140
●ストーリーとは……141
●ストーリーの具体例……143
●ストーリー説得とは……148
●ストーリー・メッセージの欠点……151
●ストーリー・メッセージと論理的メッセージの融合……152
●説得的ストーリーの作り方……153
●記憶されやすいストーリー・メッセージの作り方……156
●視覚的説得……158
■トピック２　受け手に示す非言語的コミュニケーション　161

第７章　送り手の影響力の増進
——効果を上げる６つの要因　169

●社会的影響力とは…………………………………169
●報酬影響力…………………………………171
●罰影響力…………………………………173
●賞の獲得と罰の回避…………………………………174
●専門影響力…………………………………175
●正当影響力…………………………………176
●参照・魅力影響力…………………………………178
●情報影響力…………………………………179
●説得のための影響力…………………………………180
●影響力のない場合の対処法…………………………………181
●働きかけの繰り返し…………………………………182

第８章　納得してくれない受け手との交渉
——落としどころを探るスキル　184

●交渉の枠組み…………………………………186
●価格交渉時に必要な BATNA（バトゥナ）…………………………………188
●新しい選択肢の創案…………………………………191
●ゴードンの Win-Win 法…………………………………192
●相手の価値観の理解（傾聴（けいちょう）と質問）…………………………………195
●交渉時の状況作り…………………………………198
●感情のコントロール（忍耐，怒り）…………………………………199
●今までの復習とまとめ…………………………………201
■トピック３　社会心理学研究の再現可能性　206

あとがき　218
引用文献　221
さくいん　240

本文イラスト：PIXTA

序　章
説得とは
——その流れと７つの鍵

人は誰でも自分自身の意見や考えを他の人に受け入れて欲しいと思っています。他の人を説得する際，どのようにすれば，その人は受け入れて（納得して）くれやすくなるのでしょうか。どのような点に注意して説得すればよいのでしょうか。

皆さんが説得の送り手の立場に立ったとき，効果的に人を説得する方法にはどのようなものがあるのか，これから社会心理学や臨床心理学の研究成果を基に紹介していきたいと思います。

社会心理学においては，1950年代から説得に関する研究が積み重ねられてきています。実験や質問紙でデータを採り，科学的に研究する努力がされています（最近，社会心理学研究で得られた結果の再現性の低いことが指摘されています。その点についてはトピック３で見ていきたいと思います）。また，臨床心理学は，精神的問題を抱えている人の診断や治療を行っている学問です。その際に，カウンセラー（心理療法家）が患者（クライエント）と面談し，カウンセリングを行います。そこで用いられるカウンセリング技法に，私たちが学ぶべきものが多くあります。そこで，本書ではそれらを参考にして解説をすすめていきます。

●説得とは

今までのところで，説得（persuasion）という言葉を何気なく使ってきましたが，皆さんは，説得という言葉を聞いてどのようなことをイメージするでしょうか。あるいは，人を説得することをどのようなこととして捉えているでしょうか。説得という言葉は日常的に使われているので，何となくわかったつもりになっているかもしれませんが，改めて「説得とは何か？」と問われると，答えに窮するかもしれません。

説得の例としては，次のようなものをあげられるでしょう。

- 保育園の建設を反対している近隣住民に，建設に賛同してくれるよう説得する。
- 旅行先について自分と異なる意見を持つメンバーに，自分の提案に賛同するよう説得する。
- なかなか禁煙してくれない父親に，禁煙するよう説得する。
- 高校卒業後すぐに家業を継ぐことを期待している両親に，大学進学を認めてもらうよう説得する。
- 勉強そっちのけで，毎日２時間以上も携帯ゲームをやり続けている小学生の子どもに，ゲームのプレイ時間を短くするよう説得する。
- 高齢になり，自動車の運転がうまくできなくなっている父親に，自動車免許の返納を説得する。

「説得」の意味を知る場合に参考になるのが，国語辞典です。辞典ではどのように定義されているのでしょうか。調べてみると，以下のように書かれています。

「よく話して得心させること。納得するように説きさとすこと」

（日本国語大辞典　第2版　小学館　2002）

「よく話聞かせて相手に納得させること」

（スーパー大辞林 3.0　三省堂　2006）

「よく話して納得させること」（広辞苑　第7版　岩波書店　2018）

どの国語辞典の記述にも大きな差は認められず，送り手の考えや主張を受け手に理解してもらい，納得してもらえるよう，言葉を尽くして話すことのようです。ちなみに「納得」とはどのようなことであるか，同じように辞典を引いてみますと，次のように書かれています。

「他人の考え，行動などを理解して受け入れること。わかってのみこむこと。理解して肯定すること。承知。同意。」

（日本国語大辞典）

「他人の考え・行為を理解し，もっともだと認めること」

（スーパー大辞林）

「承知すること。理解し，なるほどと認めること。了解。」

（広辞苑）

納得とは，送り手の考え，主張の内容をよく理解して，その通りであると送り手に同意することのようです。

●社会心理学における「説得」

それでは，説得を研究している社会心理学では，どのようなもの

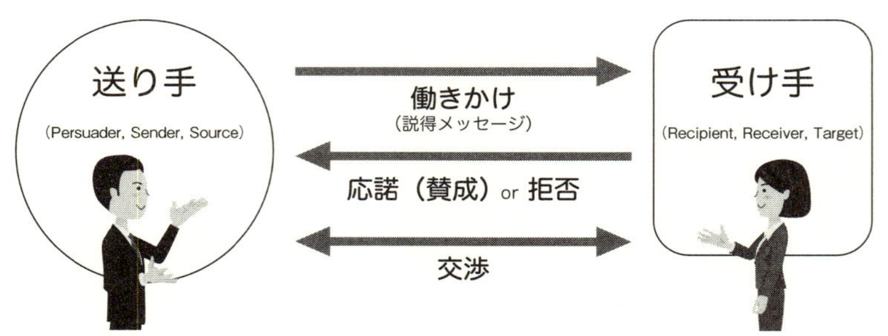

図２　説得における送り手と受け手

として捉えられているのでしょうか。説得を把握するにあたり，説得の登場人物，説得の意味（定義），説得の内容，説得以外の働きかけ（例えば，依頼，指示・命令，マインド・コントロール）との違いという点から見ていくことにします。それを通して，本書で扱う説得を明確にしていきたいと思います。（説得の方法についてすぐに知りたいと思う方は，この序章を飛ばして，第２章から読み進めてくださってもかまいません。）

まず，説得の登場人物として，少なくとも２人がいます。送り手（persuader，sender，or source）と受け手（recipient，receiver，or target）です（図２）。送り手は説得する側で，受け手に自分の考え，主張を受け入れてもらおうと望んでいる人です。他方，受け手は，もともと，送り手の望むこととは逆の考えを持っていたり，逆の行動を取っていたりする人で，送り手の説得を受ける側の人です。多くの場合は一対一で行われますが，送り手が複数になったり，受け手が複数になったりする場合もあります。

次に，説得の定義です。説得の意味を考えるには，なぜ説得する必要があるのかを考えるとわかりやすいでしょう。説得という行為が生じる基本的前提は，受け手が送り手の望むような考え，意見を持っていない，あるいは，送り手の望むような行動を取っていないことです。先の例で言えば，近隣住民が保育園建設に反対していること，集団内の他のメンバーが旅行先について提案とは異なる意見を持っていること，父親が家族の思惑に反してタバコを吸い続けていることなどです。そうした事態を受けて，送り手は受け手の考えや行動を変えようとするのです。ここから，**説得の目的**は，受け手の考えや行動を変えようとすることであると言えます。社会心理学においては，特に，受け手の考え（態度，attitude）を変えることが説得であると捉えており，「**説得＝態度変容**」という図式が用いられてきました。

ここで，「**態度**」について説明しておきます。日常的には，態度はある種の行動パターンを示す言葉ですが（例えば，「彼の自分勝手な態度が気に食わない」），社会心理学においては，ある対象（人や集団，商品，サービス，時事的問題など）に対するポジティブ（プラス），ネガティブ（マイナス）の評価であると定義されています。要は，その対象をよく評価しているか，悪く評価しているかということです。したがって，説得とは，そうした対象に対する，受け手の評価を変えさせることとして研究が進められてきました。

もちろん，禁煙するにあたっては，受け手が今までタバコに対してポジティブな態度を持っていたこと（タバコをよいものと評価していたこと）をネガティブな評価に変えさせる必要がありますが，現実には，さらに，タバコに対するネガティブな評価から禁煙という行動へつなげてもらう必要があります。そこで，本書では，単に受け手の態度を変えるだけでなく，受け手の行動変容までも視野に入れていきたいと思います。

それでは，受け手のどのような考えや行動を変えることが考えられるでしょうか。一口に考えや行動といっても，さまざまなものがあります。ここでは，まず，説得に限らず，他者の考えや行動を変えようとする働きかけ全般に目を向け，その後，説得について見ていきたいと思います。したがって，この項では説得という言葉を使わずに，**働きかけ**という言葉で説明していきたいと思います。

受け手の考えや行動を変えることにおいて，送り手，受け手，第三者のうち，誰の利益が相対的に優先されるかによって，大きく3つに分類できそうです（図3）。**利益（報酬）**と言ってもさまざまなものがあり，金銭的なもののみならず，心理的な満足も考えられます。また，即時的，直接的に得られる利益もあれば，将来的，間接的に得られる利益もあります。ここでは，わかりやすくなるように，主に即時的，直接的な利益を優先させて考えていくことにします。

● I　送り手利益優先の働きかけ

送り手利益優先の働きかけとは，主に送り手自身の利益を増やすために，受け手に働きかける場合です。これは，現状の変更，依頼・要請，販売の3つに分類できます。送り手として個人，集団・組織（企業，公的機関など）が考えられますが，本書では送り手と

I. 送り手利益優先

①現状の変更（○）

　送り手自身の利益のために，受け手から許可を得たり，受け手の行動を変えたりするようお願いする。

(a) 許可

　送り手が新しいことを行うにあたり，受け手の許可を得る。

　（例）転職，転居，大学への進学，一人で海外旅行，マンション・保育園の建設

(b) 迷惑行為の停止・規則遵守

　受け手の迷惑行為によって困らされている送り手が，その行為をやめるよう働きかける。あるいは，決められた規則を守るよう働きかける。

　（例）騒音，自転車放置，落書き，駐車違反
　　　　指さし点呼，廊下を走らない

②依頼・要請（△）

　送り手自身の利益のために，受け手に情報や労力，物品，金銭などを（基本的に無償で）提供するよう依頼する。

(a) 情報（例）「個人年金について教えてほしいのだけど ...。」
(b) 労力（例）「この荷物を運ぶの手伝ってくれる？」
(c) 物品（例）「明日までこのデジカメ貸してくれる？」
(d) 金銭（例）「財布を忘れちゃって。1,000 円貸してくれる？」

③販売（×）

　送り手（売り手）が受け手（消費者）に対して，金銭を介在させて商品やサービスの購入を働きかける。

　（例）商品・サービスの購入，会員登録

II. 受け手利益優先

　受け手の将来的な利益のために，受け手に働きかける。

・健康関連行動（○）
　（例）「健康のために 1 日 20 分以上のウォーキングをしてください。」
　　　　「健康のために健康診断を受けてください。」
・勉学奨励（○）
　（例）「ゲームで遊ぶのをすぐにやめ，勉強しなさい。」

III. 第三者の利益も関連

①社会のためになる行為（△）

　第三者の利益のために，多くの受け手に働きかける。

　（例）寄付，赤い羽根募金，ボランティア，献血，環境問題（ゴミ分別・減量，CO_2 排出減量など）

②新制度の設定，制度改正（△）

　既存のルール変更に賛同するよう多くの受け手に働きかける。

　（例）裁判員制度・サマータイム制度の導入，憲法改正

○：本書の説得と関連あり，△：多少関連あり，×：関連低い

図 3　働きかけ（社会的影響）の種類と例

して個人を想定しています。

第一は，**現状変更に関する働きかけ**です。送り手の利益のために，受け手の現状を変更させる働きかけです。多くの場合，少なくとも短期的には，この働きかけに受け手が応じると，受け手の損失が大きくなってしまう状況です。以下の2つに分類できます。

(a) 許　可　送り手が新しいことを行うために，受け手の許可を得るという場合です。例えば，家族に転職や転居を認めてもらう，親に大学への進学や1人で海外旅行に行くことを認めてもらう，マンションや保育園の新設のために近隣住民から承認を得るという場合です。

(b) 迷惑行為の停止・規則遵守　受け手の社会的迷惑行為によって困らされている送り手が，受け手にその行為をやめるよう働きかける場合です。例えば，禁煙区域における喫煙，野良猫へのエサやり，公共道路への私物設置などの社会的迷惑行為があります。あるいは，決められた場所でのアルコールを用いた手洗い，工場内での決められた箇所で指さし点呼の励行などという労働安全衛生行動を含めることができます。

受け手が送り手の働きかけに応じる場合は，それまで受け手が得ていた利益が得られなくなるので，その分，受け手はコストを支払うことになります。そして，受け手が応諾した場合には，送り手，さらには周囲の第三者も利益を得ることができるようになります。

第二の依頼・要請（request）は，いわゆる頼みごとです。送り手のために，受け手に何らかの資源の提供を基本的には無償でお願いすることです。頼みごとは説得にはあたらないと捉えることもできますが，要求の量が多く，受け手が拒否した場合は，説得に移行すると考えられます。具体的には，少なくとも以下の4つが考えられます。

(a)　情報の提供

「この近辺にある評判のよい保育園（あるいは，高齢者介護施設）を教えてくれる？」

(b)　労力の提供・支援

「来週の日曜日に，急に引越をすることになったので，手伝ってもらえるかな？」

「来年度，PTA の会計係をお願いしたいんだけど。」

(c)　物品の貸与・提供

「悪いけど，2時間ぐらいお宅の高圧洗浄機を貸してくれませんか？」

「お願い，通学用にバイクを買って欲しいのだけど。少しは自分のバイト代も出すから。」

(d)　金銭の貸与・提供

「ゴメン，今日，お財布忘れてきちゃって，三千円だけ貸してくれない？」

依頼・要請における受け手の利益について見ると，それに応じた当座は，受け手の利益はないかもしれませんが，依頼・要請に応じて送り手に恩を売ったという意味では，将来的に送り手からのお返しを期待できます。私たちが，他者に対して返報的（互恵的，互酬的）に対応することを社会的に学習し，返報性の原理に基づいた行動を取りやすくなるからです（チャルディーニ，2014）。

第三の**販売**とは，送り手が受け手（消費者）に対して，商品やサービスの購入を働きかけたり，何らかの会員登録や加入を促したりすることです。金銭を媒介にして，売買（の交渉を）するということです。商品を購入したり，会員登録したりすることは，受け手にとっても，その後，何らかの利益を享受することが可能となります。例えば，携帯電話を購入することによって，電話やインターネット，電子マネー，カメラなどの機能を使えるようになります（ただし，場合によっては，粗悪品を購入させられたり，詐欺や悪質商法に遭ったりして，損失を被ることもあります）。

しかしながら，まずは，送り手の利益（携帯電話を売ることによる利益）が重視されている状況です。会員登録は，送り手にとって将来的な販売に対する布石となります。

● II　受け手利益優先の働きかけ

次に，受け手の（将来的な利益の）ことを思って，送り手が受け手に働きかける場合です。例としては，成人対象では**健康関連**，子ども対象では**勉学関連**の働きかけを挙げることができます。前者では，健康関連運動（ウォーキング，ジョギング，太極拳など）の励行，人間ドックを初めとする健康診断受診，禁煙などが含まれます。後者では，携帯ゲームにはまってしまっている子どもにゲームのプレイ時間を制限したり，勉強を促したりすることです。

送り手自身の即時的利益はあまりありません。しかし，将来的には，受け手が説得に応じてくれた場合には，受け手が病気になる可能性が減って，経済的損失が減り，子どもがゲームに興じる代わりに勉強することによって，親の心理的満足感が高くなるかもしれません。

● III　第三者利益も関わる働きかけ

第三は，主に多数の第三者の利益も関わってくるような働きかけです。すなわち，向社会的行為の実施，新制度導入・制度改正への賛同です。

(a)　向社会的行為　　第三者の利益を確保するために，受け手に働きかける場合です。例えば，赤い羽根の街頭募金，種々の寄付金を募ること，献血やボランティアの募集などです。

(b)　新制度導入・制度変更　　既存の制度や規則を変更することに賛同するよう受け手に働きかけることです。大学における卒業試験導入，裁判員制度やサマータイム制などの新制度導入，あるいは，憲法改正，（イギリスの事例になりますが）EU 離脱への賛同（反対）などを挙げることができます。原子力発電利用継続に関する賛否もこのカテゴリに含まれます。こうした国家的な制度だけでなく，ある集団や組織内の規則（ルール）変更も含まれます。

●社会心理学における説得の定義

これらの働きかけのうち，説得に関わるのはどれでしょうか。それに答える前に，説得の定義を見ておくことにしましょう。説得とは，どのようなものとして捉えることができるかということです。社会心理学における定義は，先ほどの国語辞典より，詳しく書かれています。

コミュニケーション研究として有名で，説得に関する専門書も著しているオキーフ（1990）は次のように定義しています。

> 「受け手が自由意思を持つことのできる状況において，コミュニケーションを通じて受け手の心理的な状態（mental state）に影響を与えようとする意図的な働きかけである。」（p.17）

また，版を重ねている説得に関する教科書を著しているガスとセイタ（2011）は，次のように定義しています。

> 「説得とは，当該のコミュニケーション状況における制約の中で，（受け手の）信念や態度，意図，動機づけ，行動を作り出したり，強化したり，修正したり，あるいは，消去したりする活動にかかわる，2人以上の個人から構成されるものである。」（p.33，括弧内は筆者が付加）

日本において『説得心理学ハンドブック』を編集，著作した深田（2002a）の定義は次のようなものです。

「説得とは，送り手が，おもに言語コミュニケーションを用いて非強制的なコンテキストの中で，納得させながら受け手の態度や行動を意図する方向に変化させようとする社会的影響行為あるいは社会的影響過程である。」（p.4）

これらの定義を見ると，説得とは，送り手の望むように受け手の態度や行動を変えるために言語的，非言語的なコミュニケーションを通して，受け手の自由意思を尊重しながら，受け手に意図的に働きかける社会的行為であると言えます。本書でも，深田（2002a），今井（2006）の定義を基に，説得を以下のように捉えておくことにします。

「説得とは，**受け手の抵抗や拒否が予測される事柄**について，主に言語的な**説得メッセージ**を受け手に対して意図的に呈示し，（受け手を強制するのではなく）**受け手の自由意思を尊重**しながら，その事柄に対する受け手の考えや行動を送り手の望む方向に変えようとする，受け手に対する働きかけである。」

社会心理学においては，ガスとセイタ（2011）の定義にも見られるように，受け手の態度や行動などを強化する（強める）ことも説得に含めています。しかし，日常的に私たちが遭遇しやすいのは，受け手の考えや行動（例えば，保守党を支持している，あるいは，ゴミを分別している）を強めることよりも，受け手の考えや行動（例えば，喫煙）とは逆方向（禁煙）に変化させることの方が多いと考えられます。そこで，上記の定義においても，その点を強調しています。

受け手が応じてくれるか反対（拒否）するか，あまり予測できないときは，まずお願い（依頼）することになりますが，受け手の反対が最初から予測される場合は，説得モードで受け手に働きかけることになると言えます。

また，説得において重視されているのは，受け手の自由意思を尊重しながら，受け手に働きかけるということです。無理矢理，強制的に受け手の考えや行動を変化させようとするものではありません。しかし，その点が説得の効果をむずかしくしている点でもあります。

本書で紹介しているような説得の効果を活用することは，受け手の自由意思を尊重しないことになるのではないかという懸念です。説得においてどのようなことまで行うことが倫理的に許されるのかという問題です。説得の倫理的問題については，後ほど**トピック1**で検討しますが，ここでは，受け手の考えや行動を強制的に変化させようとするものではないことを理解しておいてください。

ちなみに，受け手の**自由意思を尊重していない働きかけ**として指示・命令やマインド・コントロールがあります。**指示・命令**というのは，既に皆さんもご存知のように，送り手が受け手に影響を及ぼす正当性を持ち（例えば，組織内での地位が高い），受け手もその事実を認めているときに生じる働きかけです。命令形の表現が用いられる場合もあり，表面的には，受け手の抵抗が生じないことが期待されています。例えば，軍隊においては上官からの命令は絶対であり，部下がその命令に背くことが認められないという規則が，その軍隊組織の中に確立されています。

また，**マインド・コントロール**とは，種々の生理的，心理的な方法を組み合わせて，受け手が影響を受けていることを認識できないうちに受け手の現実感（世界観）を破壊して，特定の集団や組織（破壊的カルト）内で通用する信条や教義を受け手に信じ込ませ，それに基づいた行動パターンを取るように仕向けることです。受け手は，自由意思で自分の行動を取っていると思っていますが，実は，そうした集団から特定の行動を取るようにあらかじめ計算され，仕向けられているような場合です。

マインド・コントロールは，1995年の地下鉄サリン事件を引き起こしたオウム真理教を始めとする，**破壊的カルト**（カイザーとカイザー，1995）と呼ばれる宗教集団で用いられている方法としてマスコミでも一時期，頻繁に紹介されました。具体的には，カルト集団における教義を信者に教育する際に，信者が反論できないような形で，種々の心理学的技法（例えば，刺激の剥奪，家族や友人，マスコミとの断絶，食事や睡眠の制限，階級制度を設定し上昇志向を刺激することなど）を用いて，受け手の人権を尊重することなく，受け手の思考や行動を送り手の意のままにあやつろうとする方法です（詳しくは西田（1995）を参照）。

説得の定義に話を戻しますと，受け手を説得するには，**言語的なメッセージ**を送ることが基本となります。もちろん，コミュニケーションにおいては，言葉によらない，身振りや手振り，姿勢，個人間の距離，声の大きさや調子などの非言語的コミュニケーションも大事な要素です。しかし，それはあくまでも言語的な説得メッセージの補助的な部分です。非言語的コミュニケーションだけで受け手を説得するのは至難の業です。そこで，本書では，非言語的コミュニケーションの効果を否定するものではありませんが（トピック2を参照)，主に言語的な説得メッセージを検討していくことにします。

さらに，日常的には，単に受け手の考え（態度）を変えるだけでなく，行動まで変えてもらうことが求められています。本書でもその点も考慮しながら，効果的な説得とはどのようなものであるかを考えていきたいと思います。

なお，本書のタイトルである「説得力」(persuasibility）とは，こうした説得を受け手に対して行うことのできる能力のことです。その能力を培(つちか)うために，本書においては，後述するように7つの鍵をあげていくことにします。

●本書で扱う説得

それでは，図3に提示した働きかけのうち，説得に含まれると考えられるのは，どれでしょうか。図3には，本書で扱う説得に近いものに○印を付け，多少関連があるものに△，そして，関連の低いものには×印を付けました。○印を付けたのは，送り手利益優先の働きかけのうち，現状変更への賛同を求めるもの（送り手の新しい状況設定に対する許可を得ること，受け手の社会的迷惑行為の停止や規則遵守)，そして，受け手利益優先の働きかけ（健康関連行動や勉強などの励行）です。

また，△印を付けたのは，送り手利益優先の働きかけのうちの依頼・要請と第三者の利益も関連する働きかけです。図３に例示した**依頼・要請**は，受け手の応諾コスト（送り手からの働きかけに応諾するにあたって，受け手が支払わなければならない労力や時間，情報，金銭，心理的負担など）が小さく，受け手が抵抗，拒否するとは予測しにくいものです。その意味では，説得するまでもない内容です。しかし，受け手の応諾コストが大きい場合は（例えば，部署内の重要な情報を教えてくれるよう頼む，百万円を貸してくれるよう頼む），いわゆる説得をしなければ，なかなか受け手は応諾してくれないでしょう。送り手が受け手に求める内容の多寡によって，依頼として捉えることもできれば，説得しなければならない場合も考えられますので，△印にしてあります。

第三者の利益も関連する働きかけの場合，一度に多くの受け手に働きかけが行われることがあります。本書では，そうした状況は含めていません。しかし，個別に寄付をお願いしたり，新制度に賛成するよう説得する場合も考えられますので△にしてあります。

要するに，**本書で扱う説得**の内容とは，受け手に許可を求めたり，送り手にとって困ることをやめるよう受け手に働きかけたり，受け手にとって応諾コストの大きい依頼・要請を行ったりすること，そして，受け手の健康や勉学状況の改善を促したりすることです。

また，上記で販売を含めなかったように，本書では，テレビ・コマーシャル，広告については扱いません。コマーシャルや広告における送り手は，多くの場合，個人ではなく，組織（企業）だからです。また，対面場面であっても，販売場面は金銭を媒介させて，受け手（消費者）に商品を購入してもらう働きかけであり，そこには，交渉（利益の相反する２人（２集団）が，それぞれの利益を獲得するために，相手との話し合いを通じて，双方が承諾できる解決策を見つけていくこと）が前面に出てくるからです。本書でも第8章で交渉については触れますが，最初から交渉状況になる販売場面は，対象としないことにします。

最近では，インターネットを介して，**パソコンによる説得**という形態も指摘されています。フォッグ（2005）は，**カプトロジ**（captology，computer as persuasive technologies）という言葉を造って，パソコンを用いてどのように人々の行動に影響を与えることができるかについて明らかにしています。彼は，カプトロジが適用できる領域として12個あげています。すなわち，商取引，教育・学習・訓練，安全，環境保護，介護・医療現場における人との接し方，健康予防策，健康のための運動，病気への対処方法，個人的な投資方法，コミュニティ（地域）への参加，個人的な交友関係，自己管理・自己啓発です。説得の適用対象として参考になります。

パソコンを用いた説得では，本書で扱うような対面状況における説得とは異なる方法を用いることが可能となります。彼は，パソコンには，ツール（道具性），メディア（体験性），社会的行為者という3つの機能（はたらき）があり，それらを活用して受け手の行動を変容させることが可能になると指摘しています。**ツール機能**によって，目標までの達成度を受け手にフィードバックしたり，条件づけ（正反応に報酬を与え，誤反応に罰を与える）を行ったりして，受け手の意欲を高めることができます。**メディア機能**によって，受け手に疑似体験（シミュレーション）させたり，リハーサルさせたりすることができます。そして，**社会的行為者機能**として受け手を誉めたり，専門家として支援したりすることができます。

●説得の流れと７つの鍵

それでは，これらの事柄について受け手に説得する際，どのような点に注意を払っていけばよいのでしょうか。それを理解するには，まず，説得の流れ（プロセス）を見るとよいでしょう（図４）。社会心理学では主に４つの要因に分けて研究されてきました（今井，2011）。送り手，説得メッセージ，状況要因，そして，受け手です。まず，説得を行う**送り手**がいます。どのような特徴を持った送り手が受け手の賛同を引き出しやすいかという問いを設定することができます。送り手の専門性，信頼性，好感度が検討されてきました。

次に，送り手がどのような**説得メッセージ**を作って受け手に伝え

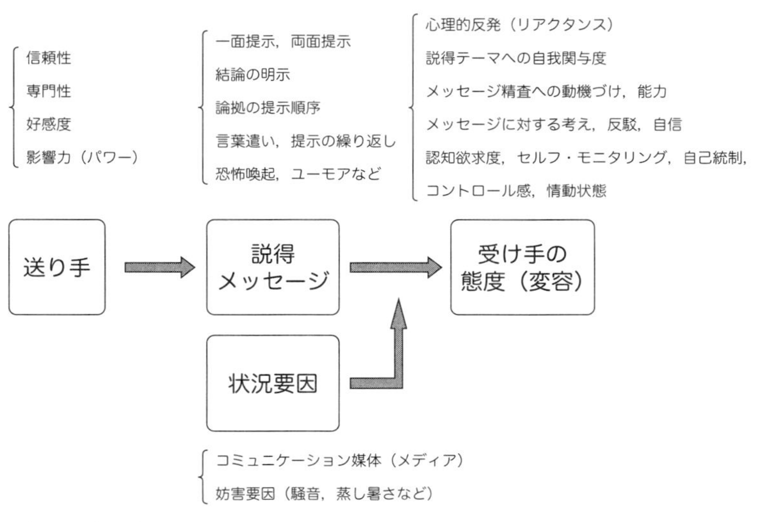

出典：今井（2011），図2-2，p.27を改変

図４　説得に関連する要因

るかという点をあげることができます。説得メッセージには，受け手が納得するような理由（論拠），情報などを含める必要があります。どのような情報が効果的なのかが検討されてきました。

そして，**説得を行う際の状況**も大切な点です。例えば，部屋の室温や湿度，騒音などの影響です。最後に，**受け手**に関わる点です。多くの受け手は，あることを行うように働きかけられると反発（リアクタンス）を覚えます。受け手によっては，考えることが好きな人もいれば，面倒なことを細かく考えるのは好きでない人もいます。そうした受け手の特徴（個人差）が受け手の反応に影響を与えると考えられます。

この図4に挙げられている要因に基づきながら，送り手の観点から考慮すべき説得の鍵を7つにまとめたのが，〈はじめに〉で紹介した図1です。

① 受け手との**良い関係**の構築（誰を説得するのか？）

② **説得の環境作り**（いつ，どこで説得するのか？）

③ **受け手の自由**の確保
（どのように受け手の自由を確保するか？）

④ **Iメッセージ**の活用

（送り手の考えや気持ちをどのように伝えるか？）

⑤ **説得メッセージ**を作り伝える

（どのように論拠（理由）を組み立てるか？）

⑥ **送り手のパワー**を増進

（受け手が拒否したらどう対応するか？）

⑦ **交　渉**

（さらに受け手が拒否した後，受け手と

どのように折り合いをつけるか？）

この後，これら７つの鍵について章ごとに見ていきますが，ここで概観しておきしましょう（なお，第一の鍵は，第２章から始まります）。

まず，説得のお膳立てが必要です。すなわち，説得の受け手に関すること，そして，説得を行う環境（状況）です。皆さんが見知らぬ人から説得される場合と友人や家族のような知り合いから説得されるのとでは，どちらの方で応諾（賛成）する気になりやすいでしょうか。依頼内容によっては，見知らぬ人からの場合の方が応諾しやすいかもしれませんが，多くの場合は，知り合いからの方が応諾しやすいでしょう。ということは，説得する際に，まず，受け手との関係性を考える必要があるということです。したがって，第一に考えるべきことは，**「誰を説得する（ことになる）のか？」**ということです（第一の鍵）。ここでは，受け手とよい対人関係を作っておくこと，説得内容に関する送り手の専門性が，受け手からの説得を引き出しやすくなるという点などについて見ていきます。

説得のお膳立ての二つ目は，**「いつ，どこで説得するのか？」**ということです（第二の鍵）。受け手からの応諾を引き出すのに最適な環境作りを図る必要があります。受け手の身になってみた場合，仕事や勉強で疲れている後や気分が落ち込んでいるときに，人から説得されても，そもそも，送り手の話を聞く気にはなりません。ということは，受け手がどのような状態のときに，そして，どのような環境（状況）にいるときに説得すればよいのかを考える必要があるということです。

第三の鍵は，**受け手の自由意思**に関わることです。私たちは，ふだん自分に関することは自分で自由に決め，その判断，意思決定を自由にできると捉えています。そうした状況で他者から説得をされるということは，自分の自由を侵された気になり，反発（リアクタンス）したくなります。送り手からすれば，受け手の反発心が生じることは，説得への拒否につながりますので，できるだけそれを避けたいと考えます。ここでは，受け手の反発を引き起こさないような働きかけについて見ていきたいと思います。

第四の鍵は，**送り手の考え，意見，気持ちを相手に伝える方法**です。臨床心理学の技法を日常生活に活用することを考案したゴードン（1985a，b）は，I（アイ）メッセージという方法を提案しています。受け手に「（あなたが）○○をしてください」とYouメッセージを使うのではなく，送り手の考え，気持ちを伝えることの重要性を指摘しています。そのことが第三の鍵にも通じることですが，受け手の反発を減らし，受け手の自由意思を尊重することになります。

第五の鍵は，説得メッセージの作り方です。第三，第四の鍵も説得メッセージの作り方に関わることですが，第五の鍵では，**論拠の組み立て方**について見ていきます。論拠（argument）とは，受け手の理解や納得を促すための情報であり，受け手に特定の態度や行動を取るべきことの理由，関連情報から構成されるものです。どのような論拠をどのような順序で提示して，説得メッセージを作ればよいかを考えていきます。

説得メッセージを受け手に伝えて，受け手が応諾してくれれば，送り手の説得目標はひとまず達成できたことになります（受け手の行動までも変化して欲しいと受け手が考えている場合は，受け手の応諾の後，行動が変化するまで見届ける必要があります）。しかし，受け手が説得に対して反論したり，拒否したりした場合は，どうしたらよいのでしょうか。その対策が第六，第七の鍵となります。

第六の鍵は，**送り手の影響力（パワー）を増進**して，2回目以降の説得に臨むことです。具体的には，送り手の専門的知識を増やし，魅力度を高めること，送り手自身よりも受け手に影響を与えると考えられる人の協力を仰ぐこと，説得を繰り返すこと，送り手の人数を増やすことなどが考えられます。

それでも，受け手が拒否したらどうすればよいでしょうか。こうした状況に至るまでにも送り手と受け手との間で種々の意見のやりとりがあるでしょうが，それを踏まえた上で，両者にとって満足のいく解決点をお互いに見つける作業が必要となってきます。それが第七の鍵である交渉です。単にそれまでやりとりしていた内容だけでなく，それに関連する事項も広く見据え，両者が満足できるWin-Win（両者が「勝ち」と思える）の状況を見つけ出すことです。

それから，本書で扱う説得の受け手について述べておきたいと思います。本書で対象としている受け手は，ある程度の判断を自力で行うことのできる青少年，成人です。判断能力の乏しい子ども，認知症を患っている個人などを対象にしているのではありません。そうした人たちを受け手として説得するには，さらに別の点についても考慮していく必要があります。

また，説得に関わるトピックスとして以下の3つを章の途中に設けました。

トピック1　説得における倫理性
　　　　2　受け手に示す非言語的コミュニケーション
　　　　3　社会心理学研究の再現可能性

トピック1，3は，心理学に関心がある読者に向けて，少し詳細な解説を加えたものです。トピック2については，多くの読者に重要なポイントなので，是非目を通していただければと思います。

第1章
説得の受け手の反応
——説得情報をどのように処理しているか

●【事例】 大学卒業試験実施への賛否

説得の7つの鍵について見る前に，まず，説得メッセージを受け取った受け手がどのような反応をするのかを理解しておくことにしましょう。説得の相手について，まず知っておくことが大事だからです。皆さん自身も人から説得された体験を持っていることと思いますので，そのときのことを思い出しながら読んでみてください。

まず，具体例で考えてみましょう。本書は送り手から見た説得の本であると先に述べましたが，説得の相手を知るために，受け手の立場から次の具体例を考えてみてください。ここでは，ペティら（1980）が実験で用いた情報を使って説得メッセージを再構成してみました。

日本でも2008年頃，大学改革の一環として検討されていた，大学での卒業試験実施に関することです。大学生が大学で決められたことをしっかり学んだかどうかを確認するために，4年生の卒業前に卒業試験を実施すべきだという主張です。そのことについて，教育学専門のある大学教授が次のようなことをテレビで言っていたと想定してください。その説得メッセージは，以下のようなものです。よく読んでみてください。

「大学改革の一つの方法として，卒業試験を実施することが考えられます。卒業前に大学4年間で学ぶべきことをきちんと学んだことを確認するための試験です。卒業試験は，大学を活性化する大変有効な方法と考えられます。いくつかの理由がありますが，以下に6つほど紹介したいと思います。

まず一つは，卒業試験を実施することによって，大学教育の質を高めることができます。もちろん，今までも必要な教育は大学で行われてきたでしょうが，卒業試験を実施することによって，最低どのようなことを学生に教えるべきかが明確になり，大学教育の底上げになることが期待されます。

卒業試験を実施することの要望は，いくつかのところから出されています。一つは大学院です。大学院では大学で学んだことを土台にして，さらに高度な教育，研究を行うため，大学教育がおろそかであっては，大学院教育が成り立ちません。そのため，大学院は，学部学生が卒業試験に合格して，きちんと大学教育を学んできていることを望んでいます。

卒業試験を希望しているのは，一般企業も同じです。新卒者を採用するにあたり，同じ大卒であるにもかかわらず，能力に大きい差があることは企業にとって好ましいことではありません。特に新卒採用者の多い大企業にとっては，卒業試験に合格している学生を採用しやすくなり，企業の新卒者採用のコスト削減につながると考えられます。

卒業試験を制度化する他のメリットも考えられます。もし卒業試験を実施することになれば，学生はどうすると思いますか？ 誰もが卒業したいと思っていますから，卒業試験のためにしっかり勉強するようになることが予測されます。それは，大学教育にとって望ましいことです。

そして，大学がこうした卒業試験を実施することになれば，大学が旧態依然としているのではなく，現在の世の中の流れに沿って，改革を進めていることを社会にアピールすることができます。

最後に，学生の保護者からの支持も高いことを付け加えておきたいと思います。授業料を払っている学生の保護者からすれば，4年間しっかり学ぶべきことを学んで卒業してほしいと考えていると思います。卒業試験はそうした保護者の気持ちを確認する一つの方法になるのです。」

この大学教授の意見を聞いて，あなたはどのような考えを持ったでしょうか。まず，多くの学生（生徒）が考えることは，「どのような試験であれ，新しい試験を実施することには反対である」ということでしょう。「そもそも，今まで授業科目ごとの試験を受けて単位を取得してきたわけだし，改めて試験を実施して，再確認する必要はない」と反論するかもしれません。あるいは，中には「大学としても大量に不合格者を出すわけないから，それほどむずかしい試験にならないだろうし，卒業試験に合格したということを確認できれば，自分でも大学で勉強したことの証を感じられるのではないか」と卒業試験に賛成気味に考える人もいるかもしれません。ある人は，医学部や薬学部，一部の学部では既に卒業試験を実施しているという，人から聞いた情報を思い出し，卒業試験に賛成的になるかもしれません。

ヒューリスティクスの影響

こうした関連情報を思い出すときに，後述のカーネマン（2012）が指摘するようなヒューリスティクス（heuristics，経験に基づいた簡便な判断規則）の影響を受けると考えられます。例えば，たまたま最近聞いた卒業試験に関する情報をよく覚えているので，それを思い出し，それに基づいて判断を下したり（**利用可能性ヒューリスティク**），自分の好きな大学の教授の言うことだからという理由だけで，その意見を支持したり（**感情ヒューリスティク**）するかもしれません。

説得メッセージを受け取った受け手は，このように自分でいろいろと考えをめぐらし，関連する情報を思い出します。そして，それらの情報を総合して（ただし，すべての情報が加味されるわけではなく，受け手にとって都合のよい情報が過大視される場合もあります），この問題に対する自分の判断を下します。

●説得の精査可能性モデル

こうした受け手の反応を捉えている説得理論として，社会心理学で近年よく紹介されるのは，ペティとカシオッポ（1984，1986）が提唱した**精査可能性モデル**（精緻化見込みモデル。ELM：Elaboration Likelihood Model）です。少々なじみにくい名前ですが，なぜこのような名前が付けられているのかについては，追々わかっていただけると思います。精査可能性モデルのポイントは，受け手が説得メッセージを頭の中で処理する場合，2つの処理ルートがあると想定していることです。すなわち，周辺ルートと中心ルートです（図5）。

周辺ルートというのは，送り手から伝えられる説得メッセージの中味を精査するというよりは，送り手が誰であるか，送り手の専門性や好感度はどのくらいか，説得メッセージに含まれている情報は

説得メッセージ
・論拠の質や数
・与え手に関する情報（信憑性，好感度）
・メッセージの提示回数など

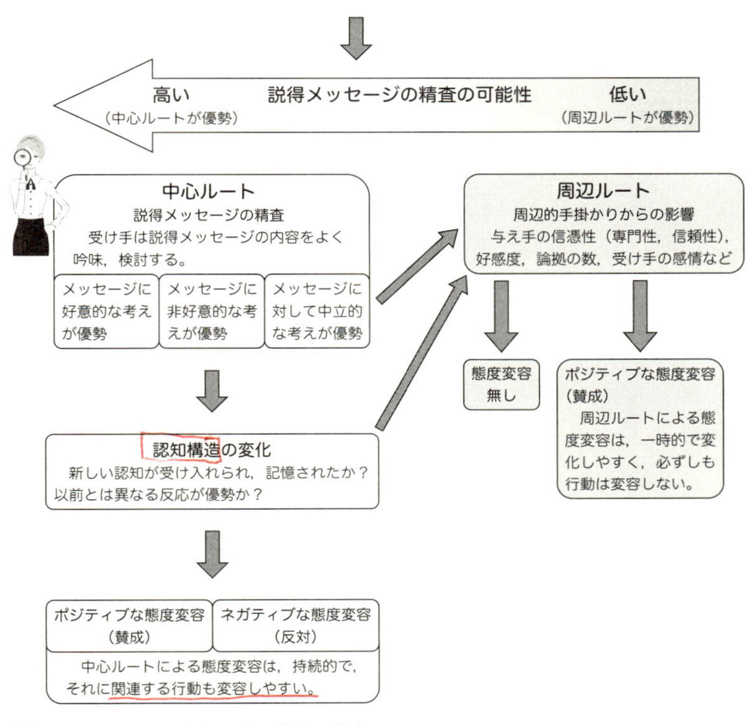

出典：ペティとカシオッポ（1986）に基づいて作成

図５　精査可能性モデル

たくさんあるかなどという周辺的な手がかりに注目して判断する場合です。そして，今までの経験に基づいて，「専門家の言うことなら正しいに違いない」，「（送り手が）感じのよい人だから賛成しておこう」，「しっかりした理由があまりたくさんあげられていないようだから，ひとまず反対しておこう」などのように判断します。ヒューリスティクスを用いて判断することです。

もう一つの**中心ルート**とは，説得メッセージの内容をよく精査，吟味して処理するルートです。**精査**とは，説得メッセージの中にある情報や論拠（理由）をよく聞いて（読んで）理解することです。受け手はさらに，それに関連して自分が知っている情報も思い出しながら，賛同すべきか，何か反論はないかなど，いろいろと考えます（もちろん，人によって考えることが好きな人もいれば（認知欲求の高い人。カシオッポとペティ，1982），そうでない人もいます。考えることが好きな人は，こうした場合，自分でよく考えようとします）。そして，自分の頭に浮かんだ考えを総合的に見て，送り手の主張に同意するか，反対するか，あるいは，ひとまず回答を保留するかなどを決めます。

周辺ルートと中心ルートによって導き出された判断結果には，受け手の行動面に差が出ることが指摘されています。周辺ルートよりも中心ルートで導き出された判断結果の方が，実際の行動との関連度が高いということです。それに比べて，周辺ルートの場合は，必ずしも行動には結びつかないことがあるということです。中心ルートで判断した方が，受け手としては納得して判断したことになります。この点から見ると，送り手としては，受け手が中心ルートで説得メッセージを処理してくれた方がよいと言えるでしょう。

先ほどの卒業試験の場合には，説得メッセージに対する判断と行動との関連性を考えるのはむずかしいでしょうが，例えば，受け手にウォーキングや禁煙を勧める場合には，その判断結果が，その後の行動（実際にウォーキングする，禁煙する）につながっていくことが重要となります。

● 2つの情報処理ルート

ちなみに，私たちがものごとを判断する際に，情報を処理するルートが2つある（らしい）ことについては，2002年にノーベル経済学賞を受賞した，心理学者・行動経済学者であるダニエル・カーネマンが指摘しています（カーネマン，2012）。彼は，システム1，システム2という表現を用いています。**システム1**は時間やエネルギーをかけずに，無意識的，自動的，直感的に判断を下す判断システムです。他方，**システム2**は手元にある情報を努力して，よく精査，吟味し，熟考の末，判断を下す場合です（図6）。そこでは，対象を多面的に比較したり，複数の選択肢から1つを選んだりする作業が行われます（私たちの情報処理プロセスを2つのシステムとして捉えた方が理解しやすいということです）。

両者の関係性について，カーネマンは以下のように表現しています。

「システム1は何の努力もせずに印象や感覚を生み出し，この印象や感覚が，システム2の形成する明確な意見や計画的な選択の重要な材料となる。」

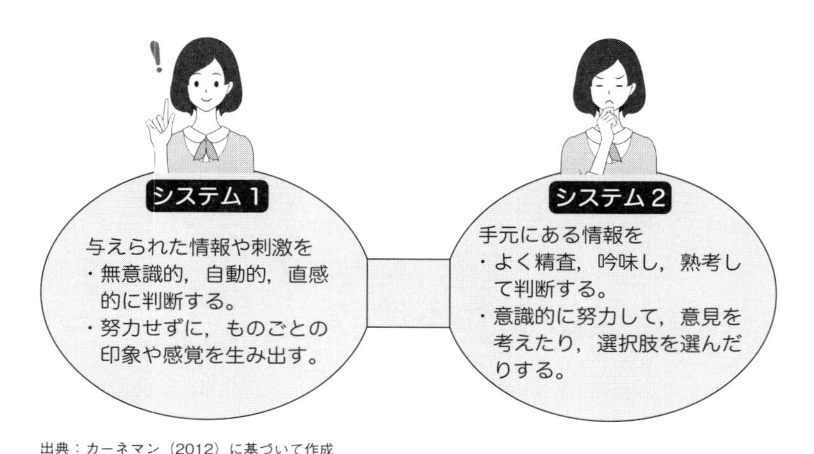

出典：カーネマン（2012）に基づいて作成

図 6　ものごとの判断におけるシステム 1 とシステム 2

「システム 1 は，印象，直感，意志，感触を絶えず生み出してはシステム 2 に供給する。システム 2 がゴーサインを出せば，印象や直感は確信に変わり，衝動は意志的な行動に変わる。」

（いずれも訳書第 1 章より）

例えば，私たちがものごとを認識するにあたり，非意識レベルでシステム 1 が自動的に情報を処理し（例えば，日本語を知っている私たちは，日本語のひらがなや漢字を見ると，否応なくそれを認識し，読んでしまいます），その上で，情報を努力して処理しなければならなくなると（例えば，その日本語の文字が究極の選択問題になっていて，A か B かどちらか選択しなければならなくなると），システム 2 が活性化されるということです。

精査可能性モデルにおける周辺ルートと中心ルートは，システム

1とシステム2に，完全に対応しているわけではありません。中心ルートとシステム2との関連性は高いと考えられますが，周辺ルートは，システム1とシステム2の中間的な存在であるように考えられます。周辺ルートは，システム1ほど非意識レベルで自動的に働くわけではありませんし，中心ルートほど努力を要する情報処理を行うわけでもありません。前述のヒューリスティクスを用いて，簡便に，でも意識的に判断を下そうとする情報処理ルートであると言えます。

では，周辺ルートで判断するのか，中心ルートで判断するのかを決めているのは，どのような要因でしょうか。ペティとカシオッポ（1984，1986）によれば，説得テーマに対する受け手の自我関与度，説得メッセージを理解する受け手の能力，説得メッセージの理解を妨害する要因（例えば，蒸し暑い部屋）が存在しないことなどがあげられています。

先ほどの卒業試験の例で言えば，受け手が現在，大学2年生で，翌年度から卒業試験が実施されるという情報も伝えられれば，自分が卒業試験を受けなければならない可能性が高くなり，自我関与度が高くなります。その結果，その卒業試験についてかなり真剣に考えるようになるでしょう。他方，現在，大学4年生であれば，自分は卒業試験を受けずに済むであろうと判断し，先の2年生よりは自我関与度が低く，説得メッセージを真剣に理解しようという気は低くなると考えられます。

なお，周辺ルートと中心ルートとは，どちらか一方だけが用いられるというのではなく，双方のルートが同時に用いられると考えられています。ただし，どちらのルートがより多く用いられるかは，上記に述べたように，受け手の説得テーマに対する自我関与度や受け手の情報処理能力などによって変化すると考えられます。

この精査可能性モデルでは，受け手が説得メッセージを精査する可能性には，状況によって差があり，精査する可能性が低い場合もあれば（周辺ルート），高い場合もある（中心ルート）と考えられています。そのために，このモデルは精査可能性モデルという名前が付けられています。いずれにしても，受け手は，説得メッセージを周辺ルートと中心ルートの2つで処理しているようであることを覚えておいてください。

●説得メッセージに含まれる論拠

しかし，受け手がこれら2つのルートで説得メッセージを処理するというだけでは，受け手がその説得に賛同するのか反対するのか，わかりません。受け手が説得メッセージに賛同するよう促すには，どのようにすればよいのでしょうか。その点についてペティとカシオッポが考えたのが，説得メッセージに含まれる情報の種類です。すなわち，強い論拠（strong argument）と弱い論拠（weak argument）です。

論拠とは，受け手を説得するにあたり，送り手が用意した説得の理由や情報のことです。先の卒業試験の例で言えば，大学教育の質の保証，大学院や大企業の要望，学生の勉学意欲促進，社会へのアピール，親の支持が論拠です。先の例には，強い論拠と弱い論拠を順に提示しておきました。前者3つが強い論拠です（少なくともペティら（1980）はそのように設定していました。彼らは強い論拠9個，弱い論拠９個，そして，さらに弱い論拠９個を用意していましたが，先ほどの例では，前者２つから３つずつ選んで説得メッセージを作りました）。**強い論拠**とは，その説得を強く支持する理由となっていて，多くの受け手が説得の結論に好意的な考えを持つように促す論拠です。逆に，**弱い論拠**とは，その説得を支持する内容ではあるけれども，その根拠が少々弱く，受け手がそれに対して反論しやすい内容を持つ論拠です。

例えば，大学教育の質を上げるために卒業試験を制度化すると言われれば，多くの人は「それは大事だな」と考えると思います。つまり，卒業試験に対して好意的な考えを持ったということになります。それに対して，卒業試験を実施することによって，学生の勉学意欲が高まるという指摘に対しては，「いやいや，多くの学生は試験があまり好きではないし，卒業試験で勉学意欲が高まると言ってもそれは一部の学生だし，そもそも試験のために勉学意欲が高まるというのは，本来の勉学のあり方ではない」と卒業試験に対して好意的でない考えが浮かぶかもしれません。

したがって，説得メッセージが強い論拠で作られているほど，受け手は説得テーマに好意的な考えが生じやすくなり，結果として，賛同するようになると考えられます。

●説得における自己検証

さらに，最近では，受け手が説得メッセージに対して好意的な考えを持つだけでは，受け手が説得に賛同するようになるには不十分であることが指摘されています。受け手の頭に浮かんだ好意的な考えに対して，受け手自身が確信を持つほど，説得に賛同しやすいことをペティら（2002）が明らかにしています。彼らはこのことを自己検証（self-validation）と呼んでいます。自分で自分の考えに確信，自信を持つほど，その考えに沿った判断をするということです。いくら卒業試験に賛同する考えを持ったとしても，その考えが正しいかどうか自信がないのでは，試験に賛同するようにはならないということです。

例えば，説得メッセージの受け手となった場合を想定してみてください。私たちが説得メッセージを受け取ると，どのような反応をするでしょうか。説得メッセージを読んだり，聞いたりしながら，そのメッセージの内容を理解しようとします。そして，メッセージの提示中や提示後に，自分の持っている関連情報も思い出しながら，その説得メッセージの主張が正しいかどうかを判断しようとします。もしメッセージに誤りがあれば，「そんなことはない」と反論するでしょう。そうしたプロセスを経て，説得メッセージが全体的にどの程度正しいと考えられるかを判断します。

ペティらによれば，その上で，受け手は自分の判断にどのくらい自信があるかを判断するということです。この自信の程度が自己検証となります。「この判断に絶対に自信がある」ということもあれば，「ちょっと自信ないな」という場合もあるでしょう。この自己検証を通して，態度変容が生じたり生じなかったりするという考え方です。

もし説得メッセージが正しいと判断し，その自分の判断に自信をもてる場合には，説得メッセージに賛同することになり，それまで反対意見であった場合は，態度変容が生じやすくなります。しかし，説得メッセージが正しいと判断したとしても，その判断にあまり自信がない場合は，態度変容は生じにくいということです。

●説得を促す３つのポイント

今まで，精査可能性モデルに基づいて，受け手の反応について見てきました。これらの研究成果に基づくと，受け手が説得メッセージに納得して賛同するように促すには，**３つのポイント**のあることがわかります。

(a) 説得テーマが受け手自身と深く関わるようにして（**自我関与度を高くする**），受け手が説得メッセージを精査するように促す（**中心ルートでの情報処理**）。

(b) 説得メッセージには，弱い論拠よりも**強い論拠**を多く含め，受け手が説得テーマに対して好意的な（賛同する）考えを持つように促す。

(c) 受け手が自分で考えた，説得テーマに対する好意的な考えに対して**確信，自信**を持つように促す（**自己検証できるようにする**）。

先ほど，カーネマン（2012）のあげたシステム１とシステム２について紹介しました。近年の認知心理学，社会心理学の研究成果に基づくと，私たちがものごとを認識する際には，まず，非意識的，自動的，直感的に働く**システム1**が作動し，その後，必要に応じて，努力を必要とする**システム2**が作動するということでした。こうしたプロセスは，説得という場面においても当てはまると考えられます。説得メッセージを読む場合や送り手から説得される場合も，この2つのシステムが関連しているということです。

説得の定義で見ましたように，説得においては，受け手が説得メッセージに納得することが重要です。それはシステム2における情報処理になります。したがって，受け手がシステム2（中心ルート）で説得メッセージを処理するように促すことが必要となってきます。

その前段階では，システム1が働きます。情報処理がシステム1からシステム2へ移行しなければ，システム2は作動しません。ということは，システム1が説得メッセージを好意的に処理しなければ，システム2は活性化されません。

●認知的容易性（認知，理解のしやすさ）

それでは，システム1が説得メッセージに対して好意的に反応するにはどのようにしたらよいのでしょうか。システム1は，認知的負担がかからないように働くので，そうした説得的負担が大きくならないようにする必要があるということです。認知的負担を減らすものが，**認知的容易性**（cognitive ease）です。認知的容易性とは，提示された刺激を「認識しやすい」ということです。例えば，視覚で言えば，鉛筆で薄く書かれた小さい文字よりも，鮮明に印刷された，やや大きめの文字の方が認識しやすく，認知的容易性が高いと

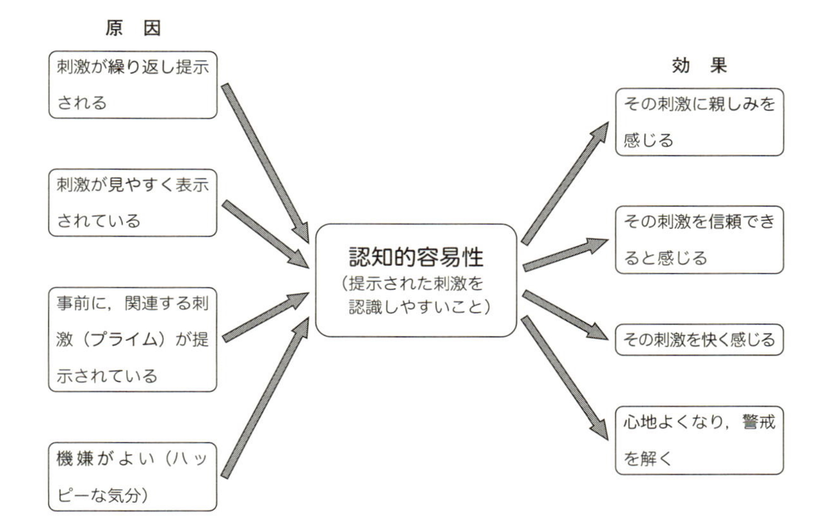

＊刺激：文字，画像，音声，香りなど，われわれが五感で認識できる対象物の総称

出典：カーネマン（2012）図５に基づいて作成

図７　システム１において認知的容易性をもたらす原因とその効果

言えます。

認知的容易性がどのような要因によってもたらされやすく，また，認知的容易性によってどのような反応が生じやすいのかについて，カーネマン（2012）は図７のようにまとめています。まず，認知的容易性に影響を与えるものとして４つあげています。すなわち，(a) 刺激が繰り返し提示されること，(b) 刺激が見やすく表示されていること，(c) 事前に関連する刺激（プライム）が提示されていること，そして，(d) 受け手の機嫌がよいことです。

●プライミング効果

(a)，(b)，(d) については，改めて説明する必要はないでしょう。しかし，(c) のプライムのあるアイディアについては説明が必要だと思います。プライム (prime) とは，事前刺激のことです。あることの事前に提示される刺激です。例えば，次のような例を挙げることができます。

まず，次の単語を読み上げてください。

> 「リビング」，「台所」，「寝室」

次に，次の穴埋め問題を解いてみてください。□の中にひらがな1文字ずつを入れ，意味の通る日本語にしてください。

> 問題 1. ま□□た
> 2. な□し
> 3. え□□つ
> 4. れ□□□こ
> 5. け□□む

実験では，正答率と共に，回答するまでにかかった反応時間も測定しますが，ここでは，回答のしやすさを実感してもらえれば結構です。少々むずかしかったかもしれませんが，5問のうち，3.と5.（文房具）以外は，台所に関連のある品物が正解になっていました。それらは，比較的答えやすかったと思います。その理由は，この問題の前に提示された「台所」という単語（事前刺激）にあったのです。

事前に，「リビング，台所，寝室」と読み上げていただいたことにより，皆さんの頭の中に記憶されているいろいろな情報のうち，これら3つと関連しているものが検索されやすい状態になったと考えられます。その後，穴埋め問題を解くと，活性化された情報を思い出しやすくなり，「えんぴつ」や「けしごむ」よりは「まないた」，「ながし」，「れいぞうこ」を答えやすくなったというわけです。このように，事前に与えられた刺激（プライム）によって，それと関連性の高い情報が活性化され，思い出されやすくなることを**プライミング**（**プライム効果**，この場合は，**間接プライミング**）と呼んでいます（太田，1988）。

困ったことに，事前刺激が認識できないくらい短い時間提示された場合でも，システム1はそれを処理し，その結果，事前刺激に関連した言葉，概念が思い出され，欲求が喚起されやすくなることが明らかにされています。例えば，ストレイハンら（2002）は，喉の渇きに関する**サブリミナル・プライミング**が水分摂取量に影響を与えたことを実験で示しています（サブリミナルというのは，閾（いき）下ということで，認識できるレベル以下という意味です）。ただし，実験前に水分を取ることを制限され，実験中にクッキーを食べてさらに喉が渇くようにされた場合に，サブリミナル・プライミングを受けた被験者は，喉の渇きとは関係のないサブリミナル・プライミングを受けた被験者よりも水分摂取量が多いという結果でした。

ということは，水分を摂取するという行動にまで影響を与えるには，その行動が生じる条件が整った上で，それを後押しする形でサブリミナル・プライミングが影響を及ぼす可能性が高くなるということです。サブリミナル・プライミングは万能ではないという結果であり，受け手として多少，安堵できますが，この実験結果は，知らない（意識できない）うちに私たちの判断が影響される可能性を示しています。

認知的容易性の話に戻りますと，「プライム（事前刺激）が提示されている」と，上記のように，提示刺激に関連する考えや言葉，概念は認知されやすいということです。

これらの結果を踏まえると，受け手に説得メッセージを認識してもらえるようにするには，(a) それを繰り返し提示すること，(b) 見やすく提示すること，(c) 事前に関連情報を提示しておくこと，そして，(d) 受け手がハッピーな気分のときに説得することであることがわかります。

そして，図7に示されているように，認知的容易性が高まることによって，受け手は提示された刺激に親しみを感じ，快く感じ，信頼できると感じ，気分的には心地よくなり，警戒を解きます。いずれも説得の送り手から見れば，受け手に生じて欲しい反応です。認知的容易性がもたらす反応から見ても，視覚的，聴覚的に認知的容易性のある説得メッセージを提示することの重要性を知ることができます。

これらの点をおさえた上で，送り手と受け手との関係性という点から，説得する際に送り手が注意すべきことを次に見ていくことにしましょう。

●トピック１　説得の倫理性

ここで説得の倫理性について考えておきたいと思います。最近はいろいろな領域で倫理性が求められています。例えば，研究倫理，医療倫理，企業倫理，職業倫理を挙げることができます。倫理とは「人として守るべき道。道徳。モラル」（スーパー大辞林3.0 三省堂）です。ヨハネッセン（2005）は，「人の行い（conduct）における正しい―誤り，よい―悪いの程度にかかわる価値判断」であると述べています。

説得は，送り手の考えを受け手に取り入れてもらうことを目指していますが，受け手に強制してはいけません。受け手の理解，納得の上で，送り手の考えを受け入れてもらう必要があるということです。受け手を欺してまで送り手の意見を受け手に受け入れさせようとするのは，倫理的ではないやり方です（だましの手口については，例えば，今井（2017-2018），西田（2009）を参照）。説得における倫理性を高めるためにはどのような工夫が必要なのかについて考えておきたいと思います。

説得において，比較的多くの人の賛同を得られる倫理基準をあげれば，送り手は，

- 受け手の人権や幸福（welfare），安寧（well-being）に注意を払い，それを確保するよう説得すること，
- 事実やデータに基づいた正しい情報を受け手に提供すること，

ということになるでしょうか。

しかし，世の中には善悪，正邪を即断できないこともあります。例えば，サンデル（2011）が紹介して有名になった，（イギリスの哲学者フィ

リップ・フットの考案した）次のような路面電車の問題があります。

「あなたは，ブレーキの利(き)かなくなった，猛スピードで走行している路面電車の運転手です。前方の線路上に５人いるのが見えます。あいにく，その５人は電車が来ることに気づいていません。その少し手前には引き込み線が見えますが，そこにも線路上に１人います。あなたはそのまま直進することもできれば，引き込み線に車両を向かわせることもできますが，あなたならどうしますか。」

この問題を提示されて，多くの人は，犠牲となる人数を勘案して，引き込み線に車両を入れることを選びますが，その答えが絶対に正しいと判断することはできないでしょう。実際，サンデルが紹介している第二の問題では，あなたは運転手ではなく，橋の上から事態を見ている傍観者の立場に立たされ，たまたまあなたの横にいる人を橋から下に突き落とせば，猛スピードで走ってくる路面電車を止めることができ，線路上の５人を救えるという状況が提示されます。今度は，自分が直接手を下して人を１人殺(あや)めることによって，５人を救えるという状況に立たされるわけです。この第二の問題では，多くの人は自分で手を下すことをためらい，５人が死んでしまう方を選びます。このように世の中には一概に正誤を判断できないことがあります。

それでは，説得という行為自体は，倫理的に正しいと言えるのでしょうか。序章で説得内容を３つに分類しました。**送り手利益優先型**，**受け手利益優先型**，そして，**第三者利益関連型**です。後二者についてその倫理性が問題になることは比較的少ないと考えられます（筆者のこの倫理的判断に異を唱える読者がいるかもしれません。倫理基準については複数考えられますので，以下の倫理的判断についても，一つの考え方であるとして理解してください）。しかし，送り手利益優先型の場合は，ついつい送り手自身の利益を追求しようとして，受け手を操作しようとしたり，何とか策を弄して受け手から応諾を引き出そうとしたりするような，倫理的に問題となる方法が採られがちになりそうです。

それでは，送り手利益優先型の説得は，倫理的に問題になりやすいからやめるべきでしょうか。しかし，それを禁止したのでは，社会生活の多くの側面が停止することになってしまうでしょう。したがって，送り手利益優先型の場合に送り手として行うべきことは，受け手の人権や幸福に配慮した説得を行うように心がけるということでしょう。

説得というのは，前述したように，送り手と受け手との考えが異なっていて，それを何とか解消しようとする行為です。お互いの考えや意見のズレ，対立を強制的，暴力的に解決するのではなく，言葉を介して解決しようというわけです。ただし，送り手の方が往々にして説得内容に関する情報を多く持ち，あらかじめ多くの時間を割いて検討していますので，受け手より有利な立場にいます。そして，送り手利益優先型の場合，送り手は自分の利益を多くするよう望んでいますので，受け手に対する配慮を忘れ，送り手自身に有利な方法を採ろうとしてしまいがちです。

それでは，そうした際にどのような点に送り手が注意すれば，倫理的基準をクリアした説得を行うことになるのでしょうか。ガスとセイタ（2011）は，4つの点をあげています。(a) 送り手は，自分の説得における意図しない結果にまで責任を持つこと，(b) 受け手が説得されていることを認識できるように説得すること，(c) 受け手の自由意思を尊重し，受け手が説得を拒否できる自由を認めること，そして，(d) 説得を非言語的ではなく，言語的メッセージを用いて行うことです。順に，簡単に見ていくことにします。

(a)　意図しない結果　説得は，送り手が意図的に受け手に働きかける行為ですが，往々にして送り手が意図しないことを受け手にもたらしてしまうことがあります。例えば，送り手は原子力発電反対の署名を説得しようとしていたのに，受け手はそれをきっかけにデモ行進やネットでの積極的な発言まで行うようになった場合，送り手はその受け手の新たな行動パターンまで責任を持つ必要があるということです。もちろん，受け手の行動すべてに送り手が責任を持てるわけではありませんが，受け手が受ける影響をあらかじめ予見して，適切な説得を行う必要があるということでしょう。

(b)　説得されていることの認識　受け手が送り手から説得されていると認識できるように説得を行うということです。これに関連する現象が漏れ聞き効果（overheard effect）です（ウォルスターとフェスティンガー，1962）。受け手は，送り手から直接，説得されるよりも，たまたま近くにいた複数の送り手の会話を漏れ聞くという状況に置かれた方が，その会話内容に影響されやすくなるというものです。

例えば，家電量販店でタブレットを買おうとしていたところ，その売り場付近で，ある製品について会話している2人の客がいて，そのうちパソコンやタブレットに詳しそうな人が，もう1人に対して，「この○○の製品は，他のメーカーに比べてコスパがよくて，結構，お薦めだよ」という会話を漏れ聞くと，その情報をつい信じてしまい，自分もそれと同じ製品を買ってしまうとい場合です。筆者も，地下鉄車内での女子高生の会話に影響されて，特定ブランドのお茶のペットボトルを買った経験があります。

この漏れ聞き効果を狙って，送り手が受け手に伝えたい説得メッセージを受け手の近くで2人の人（サクラ）に会話させるというやり方は，非倫理的であるということです。この場合は，受け手利益優先型，第三者利益優先型であってもその倫理性を問われることになるでしょう。

なお，最近の研究では，前述のように，私たちが非意識的に反応していることが示されています（下條，1996，2008）。意識しない（できない）レベルで脳が情報（刺激）を処理し，反応している側面があるということです（先に紹介した，システム1です）。例えば，**単純接触効果**という現象があります（ザイアンス，1968，宮本・太田，2008）。ある刺激（顔写真，音楽，図形，フィギュアなど）を視聴する回数が増えると，その刺激に対する好意度，好感度が上昇することです（第2章参照）。

この現象の興味深い側面として，刺激を個人が認識できないくらい短い時間，あるいは，小さい音で提示したらどうなるかという点を挙げることができます（川上・吉田，2011）。**サブリミナル単純接触効果**です（モナハンら，2000）。認識できない刺激の視聴回数を増やすと，ある程度まで好意度が上昇するのでしょうか。実験の結果はYesでした。刺激を数日間に分けて繰り返し提示すると，刺激への好感度が持続していました。

この現象を利用して，受け手の知らないうちに刺激を複数回提示して，受け手のその刺激に対する好意度を高めることができそうです。しかし，この方法は，受け手がそのような刺激を提示されていることを認識していないという点で倫理的であるとは言えません。日本のテレビ局は，こうしたサブリミナル刺激を用いた映像を作製することを自主規制しているようです（民放連の放送基準解説書。しかし，ときどきそれを守らずに話題となることはありますが（例えば，「マネーの虎」という番組導入部映像のサブリミナル疑惑，2004年2月16日付朝日新聞））。

(c)　自由意思の尊重　受け手に「No」の選択肢も提示し，説得に拒否できる状況を与えるということです。これは説得の定義にもある点であり，説得の重要な構成要素です。受け手の意思に反して，受け手に無理矢理，特定の考えを持つように仕向けたり，特定の行動を取るよう強制したりすることは，倫理的でないということです。

ただ，この受け手の自由意思については悩ましい点があります。受け手に対して「説得に応じても，それを拒否しても，それはあなたの自由ですよ」ということを強調すると，受け手は応諾しやすくなる傾向があるからです（ゲガーンとパスキュアル，2000；ゲガーンら，2013，第4章参照）。受け手の自由を強調すると，送り手に有利な状況を作り出してしまう傾向があるということです。

(d) 言語的メッセージを用いた説得　説得の基本的な形は言語的なメッセージを用いて受け手に働きかけることです。しかし，故意に魅力的な送り手を設定したり（非言語的コミュニケーション），ある種の音楽や香りを流したりする（環境操作）ことによって受け手の行動に影響を与えることも可能です。後者に比べて，言語的メッセージを用いて，受け手に働きかける方が送り手の意図が明らかになる分，倫理的であるということです。送り手は，受け手を操作の対象とみるのではなく，自分と同等の尊重すべきパートナーと認識し，忍耐強く接していく必要があります。

他の非倫理的な例として，次のようなものも挙げることができます。企業業績を向上させるためにリストラを行うことになった場合，従業員に直接，退職を勧告するのではなく，従業員自らが退職を申し出るように，従業員を会社に居づらい状況に置き，従業員が音を上げるように追い込むというやり方です。これは，倫理的ではありません。

ただし，教育場面においては，許されるかもしれません。子どもに直接，「勉強しなさい」，「スポーツの練習をしなさい」，「楽器の練習をしなさい」と言うと，子どもは反発しがちです。そのような場合は，子どもの置かれている環境を作ることによって，子どもの興味関心を刺激する方が効果的であり，倫理的にも認められやすいでしょう。実際，筆者の家庭では，子どもの計算能力を高めるために，家族全員で計算ドリルの所要時間を競うことを行っていました。最初は，筆者夫婦が短時間でドリルを終えることができていましたが，いつの間にか，子どもの方が速く正確に計算できるようになっていました。こうした方法は，親が楽しそうにピアノを演奏しているようすを子どもに見せたり，楽しそうに卓球を行っているのを見せたりする場合にも認められます。

上記の4つの基準を満たせば，説得の倫理的基準をクリアしていると判断できるわけではありません。他にも嘘，褒め言葉，恐怖アピールの倫理性について以下のような議論が可能です。

嘘をついて（誤った情報を提供して）説得することは倫理的であると言えるでしょうか？ ガスとセイタ（2011）は，自己利益誘導の場合は非倫理的だが，他者の利益になる場合であれば倫理的であると述べています。その考え方も理解できますが，例えば，多くの人にレストランのおいしさを伝えるという場合，それは他者利益誘導型にもなるわけですが，このような場合に，一時期，問題になったやらせ（嘘の情報の提示）を行うことは倫理的であるとは言えません。したがって，事実に基づかない情報（嘘）の利用については，かなり慎重になるべきでしょう。

次に，相手をよい気分にするために，相手を誉めることをあげることができます。受け手との関係性を良好にし，説得効果を高める一つの方法です。皆さんも受け手に「今日の服いいね」とか「その髪型，似合っているよ」とか言うことがあると思います。この方法は倫理的と言えるでしょうか。説得効果を高めるために，相手を誉めることは，あまり倫理性が高いとは言えませんが，受け手によい気分になってもらいたいという純粋な気持ちからそうするのであれば，かつ，その褒め言葉が事実に即しているのであれば，倫理的と言ってもよいように考えられます。

それでは，逆に，受け手に恐怖アピールを与えることは倫理的であると言えるでしょうか。恐怖アピールとは，与え手の言う通りにしないと，受け手にとって困ることが生じやすくなるというように，受け手に恐怖感，脅威を与えるメッセージを伝えることです（第6章参照）。つまり，受け手に恐怖感というネガティブな情動状態を引き起こして説得することが倫理的かということです。

例えば，毎食後，歯周ポケットにある細菌（嫌気性グラム陰性菌）を取り出すために歯磨きをしないと，糖尿病や腎臓病，心臓病などにかかるリスクが高まるとか（波多野（2015）），大地震への備えをしておかないと生き延びることのできる可能性が小さくなるとかいうようなメッセージです。日本における研究でも，そうした脅威や恐怖感に対する対策方法を具体的に伝える場合に，恐怖アピールの有効性の高いことが明らかにされています（木村，2002）。恐怖アピールにおいて，病気への罹患率，危険遭遇率などのデータが事実であること，そして，脅威への対処方法を提示するという方法を採れば，倫理的には認められるでしょう。

また，恐怖感や脅威と同じネガティブな情動に罪悪感があります。受け手の罪悪感をわざと喚起させ（例えば，不注意で他者に迷惑をかけてしまった場合），その後，依頼すると，応諾されやすいことが明らかにされています（ボスタら，2016）。しかし，この場合は，受け手にわざと負い目を感じさせた上で，説得するという方法を採っているので，倫理的には問題であると言えます。

説得における倫理基準を絶対的に決めることはできません。説得の状況によって変化するでしょうし，また，文化や時代，そして個人によっても変わりうるものです。倫理基準というものは，多くの人の議論を通して，その大筋が見えてくるという性質のものです。その意味で，説得における倫理基準は，常に私たちが議論し続けるべき問題であると言えます。そして，私たちが説得の送り手になる場合は，自分の説得方法の倫理性を検討する姿勢（「この説得の仕方は，倫理的に正しいと言えるだろうか？」）を持つことが大事でしょう。

第２章
受け手とのよい人間関係
――アプローチの第一歩

説得を行うにあたり，送り手が最初に考えておくべきことは何でしょうか。自分が受け手に説得したいことを受け手にどのように伝えるか，その内容（説得メッセージ）を考えるというのが一つの答えでしょう。それも大事ですが，その前に，送り手である自分と受け手との人間関係（社会心理学用語を使えば，対人関係）について考えておくことが重要でしょう。第一の鍵を扱う第２章では，まずその点から検討していくことにします。

序章でも紹介しましたように，私たちは，受け手の立場から見て，見知らぬ人からの依頼や説得に，なかなか応じようとは思いません。逆に，仲良くしている友人から頼まれれば，できるだけ応じてあげようという気になります。ということは，同じ内容の説得であっても，送り手と受け手との関係性によって，受け手の反応に差が出てくるということです。そうした差をもたらす要因にはどのようなものがあるのでしょうか。

一つは，送り手の好感度，それをもたらす送り手と受け手との近接性，類似性，返報性です。二つ目に，送り手の専門性と信頼性をあげることができます。これらについて順に見ていくことにします。

●受け手とのよい関係性

私たちは，自分と関係のない，あるいは自分に興味のない人の話はあまり聞こうとは思いません。その意味では，まず，受け手と送り手との人間関係という観点から，受け手に送り手が提示する説得メッセージに注意を向けてもらう，耳を傾けてもらえるような状況を作っておく必要があります。

それでは，どのような要因が受け手の送り手に対するよい関係性，好感度を高めることになるのでしょうか。これには，社会心理学の対人魅力という研究領域の成果が参考になります。**対人魅力**とは日常的な言葉ではありませんが，他者に対する好き—嫌いを表す専門用語です。社会心理学では，どのような要因が他者を好きにさせるのかという観点から多くの研究が行われてきました。私たちが送り手としてある程度操作できる要因には少なくとも3つあります。類似性，近接性，返報性です（図8)。それぞれについて，その効果性を示す研究と共に，どのような対応が考えられるかを見ていきましょう。

(a)　類似性　　最初の要因は類似性です。日常的な言葉では共通点と表現することもできます。今までの社会心理学の研究によれば，私たちは，自分に似ていない人よりは似ている人を好きになる傾向があるようです。特にものの考え方（態度）が似ている人を好きになるということです（バーンとネルソン，1965)。

彼らの実験で扱った問題には，例えば，子どもを厳しくしつけるか，社会福祉の充実，軍縮，男女共同参画などがありました。これ

図８　受け手から好意的に思われるようになる方法

らの問題については，賛成，反対，いろいろな立場があり得ます。その他，クラシック音楽，SF小説，スポーツなどのように，趣味に関するものも含まれていました。実験の結果，社会的問題について考え方の似ている人，趣味や好みの似ている人を私たちは好意的に捉える傾向があるということが明らかになりました。

さらに，バーンとネルソンは，類似している問題の数よりも類似比率の方が，相手に対する好意度と関連していることを見出しています。類似している社会的問題や趣味の数が多いということよりも，全体のうち，どのくらいの比率で類似しているかが好意度と関連していたということです。類似比率が0%よりは，25%の方が好意度は高く，またそれよりは，50%，75%，100%というように比率が高いほど，好意度が高くなるということです。この実験は，心理学科のある日本の大学において心理学実験演習の授業で追試されることがありますが，その際にも，バーンとネルソンの実験と同じような結果が得られています。

類似性というと，考え方（態度）の類似性だけでなく，他の側面も考えられます。他の類似性についてはどのようなことが言えるのでしょうか。一つ考えられるのは，パーソナリティー（性格）の類似性です。自分を外向的と捉えている人は，同じように外向的な人に対する好意度が高いのでしょうか。中村（1984），スマンとセシ（1985）によれば，自分と同じパーソナリティー（実験で用いられたのは，外向性—内向性ですが）を持つ相手を好きになるということです。スマンとセシは，パーソナリティーの類似比率が高いほど，相手に対する好意度が高いことも見出しています。

類似性については，動作の類似性も考えられるでしょう。相手の動作をまねること（mimicry），あるいは，ミラーリング（mirroring）です。例えば，相手が飲み物を飲んだら，自分も数秒後，飲み物を飲む，あるいは，相手が手を組んだら，自分も何気なく手を組むというようなことです。動作をまねることと好意度との関連性（mimicry-liking link）について，ステルらが実験を行っています。

ステル，ブラスコビッチら（2010）は，1〜2分の動画内の主人公に対する被験者の好意度を操作した上で，被験者に視聴中，その主人公の動作（ペン回しのようにペンで遊ぶ，顔をこする，特定の顔の表情をする）をまねるようお願いしました。その結果，主人公に対する好意度が高い場合は，動作をまねることによって主人公に対する好意度の高くなることが見出されました。しかし，主人公に対する好意度が低い場合は，そのような効果は認められませんでした。

さらに，ステル，ファンバーレンら（2010）の別の実験では，被験者に動画を視聴してもらい，視聴中の被験者の動作を録画しました。その結果，動画の主人公に対する好意度が高い場合は，低い場合に比べて，主人公の動作をまねる頻度の高いことが認められました。

ステルらの一連の研究からは，対象人物の動作をまねることと対象人物に対する好意度との間に関連性のあることがわかります。ただし，もともとの対象人物に対する好意度によって，その関連性に違いがあるようです。対象人物が好きな場合は，その対象人物の動作をまねることが多くなり，また，そのことにより好意度が増加します。しかし，嫌いな対象人物の場合は，動作をまねることは少なく，仮に動作をまねても好意度が高くなることはないということです。

類似性の話に戻ると，私たちは，なぜ自分に似ている人を好きになるのでしょうか。2つの説明の仕方が考えられます。強化理論的説明と認知理論的説明です。**強化理論**とは，報酬（アメ）と罰（ムチ）によって私たちの行動を説明する捉え方です。それは，私たちが，報酬となるもの（例えば，おいしい食べ物，好きな音楽，手に入れたいと思っている宝飾品，人から誉められること，現金）をなるべく手に入れようとし，罰となるもの（例えば，苦い食べ物，嫌な音や臭い，人からの批判）を避けるように行動しているという捉え方です。

強化（reinforcement）というのは学習心理学の用語で，私たちがある行動（例えば，徹夜で試験勉強する）をとった後に報酬（試験で満足いく点数を取る）が与えられると，その行動の生起頻度が大きくなること（例えば，次の試験でも徹夜しようとする）を意味しています。

強化理論の観点から類似性と好意度との関係性をどのように説明できるのでしょうか。これは，態度の類似性と好意度について研究したバーンの考え方です。彼は，合意的妥当化（consensual validation）という概念を使っています。それは，自分の考え（態度）の正しさ（妥当性）は，他者が同じ考えを持っているほど（合意しているほど）確認されるということです。そして，自分と同じ考えや好みを持っている他者は，こうした合意的妥当化という報酬をもたらしてくれるので，好きになるという説明になります。私たちは，自分が正しい考えや好みを持っていると思いたいので，自分と同じ考えや好みを持っている他者は，自分の考えや好みの正しさを保証してくれる存在であり，そうした報酬をもたらしてくれる他者を好きになるというのです。

それでは，認知理論ではどのように説明できるのでしょうか。**認知理論**によれば，私たちはものごとについて論理的に矛盾のない状態を求めているということです。例えば，雨に濡れるのが嫌いな人は，天気予報で降水確率が30％ほどでも傘を持っていくことと思いますが，それは，雨に濡れないためには，多少のコストとなっても傘を持ち歩くことがその人にとっては正しい（矛盾がない）ことになるからです。

認知理論の観点から，類似性と好意度をどのように説明できるのでしょうか。自分と似ている人（類似他者）は，自分と同じグループ（あるいは，カテゴリー）の人であるという認識が持たれます。例えば，自分と同じ音楽の趣味を持っている人たちは，自分と同じグループであるという認識を持つと思います。そして，私たちは基本的に自分に対しては好意的であり（自分で自分のことが好きでないと，心理的健康を保てないと言えます），同じグループ（カテゴリー）に自分と類似他者が所属していることになります。自分に対して好意的であるので，同じグループにいる類似他者にも好意的になることが論理的には矛盾のない捉え方になります。

また，この認知理論的な捉え方に，強化理論を持ち込んで説明することもできます。同じグループ（カテゴリー）に所属している人ならば安心である（自分に危害を加えることはない）と判断し，そうした安心感（報酬）をもたらしてくれる類似他者を好意的に思うことにつながると考えられます。

この類似性と好意度との関連性に基づけば，説得の受け手が（送り手である）自分との類似性を認識してくれるようにコミュニケーションを取ることが必要です。初対面の人であっても，出身地や出身大学が同じであること，好きなアーティストが同じであることなどがわかると，途端にその相手が身近に感じられて，多少なりとも好意的に思えるようになる背景には，この類似性という要因があるのです。

こうした類似性をもたらすきっかけを作るのが自己開示です。**自己開示**とは，自分の出身地や好きな食べ物，趣味，ものの考え方など，自分に関する情報を相手に言葉で伝えることです。（人間関係の親しさと話す内容によって異なる側面はありますが，）一般的に自己開示を行うほど，自己開示した人に対する好意度の高くなることがコリンズとミラー（1994）のメタ分析によって明らかにされています。**メタ分析**とは，同じ研究テーマの多くの結果に基づいて，総合的にどのようなことが言えるかを分析することです。

ただ，実際に似ていること（この場合は，似ているというよりは，お互いに同じカテゴリーに属していること）も大事ですが，ものの考え方（例えば，伝統を重んじるか，宗教を大事に思うか）やパーソナリティーについては，実際に似ていなくても，似ているように思えることが，好意度につながることも指摘されています（ティドウェルら，2013）。

(b)　近接性　好意度をもたらす二つ目の要因は，自分と相手との物理的距離です。相手との距離が短いほど，相手に対する好意度が大きくなる傾向があります。この点を最初に明らかにしたのは，フェスティンガーら（1950）のようです。彼らは，新しい団地（アパートや一戸建て）が建設されたのを機に，物理的距離と友人関係形成との関連性についてデータを取りました。物理的距離として，何件離れているかを指標としました。例えば，アパートは2階建てで，1階あたり5戸あったのですが，隣同士なのか，1軒おいて隣なのか，階段は介在しているかという形で距離を設定しました。また，友人関係については，入居してから約半年後に，主に誰とよく付き合いがあるか，友人関係にあるかを住民に尋ねました。その結果，軒数が離れるにしたがって友人形成率が低下し，階段が介在すると，さらにその形成率が低下することが見出されました。

私たちは，誰からの指図も何の影響も受けずに，自分の好きな人と自由に友人関係を作っていると思っています。しかし，この結果を見ると，私たちの友人関係形成に，建物という物理的環境が大きく影響を及ぼしていることがわかります。階段が存在するだけで，友人関係を作ろうと思うと，多くの努力が必要になるのです。

でも，こうしたことは，私たちの経験からうすうす感づいていたことであるかもしれません。私たちが，小学生の頃，よく遊んで友人関係にあったのは，近所に住んでいる子どもでした。大学生になってもその傾向は変わらず，友人は，同じゼミに所属していたり，同じ部活やサークルに所属していて，頻繁に会っていたりする人たちであったと思います。

ここで大事なことは，物理的，地理的に近くにいる人に対する好意度が，遠くにいる人よりも大きくなる傾向があるということです（お互いに地理的に遠くにいれば，会う確率が低くなるので，当然といえば当然なのですが。その意味では，近接性とはせずに，以下に取り上げるように，接触頻度と表現した方が正確かもしれません）。それでは，なぜ私たちは近くにいる人を好きになる傾向があるのでしょうか。少なくとも2つの理由が考えられます。単純接触効果と近くにいることによってもたらされる共通の体験です。

単純接触効果（mere exposure effect）とは，既に紹介しましたように，ある対象（刺激）に何回も接触すると，その対象に対する好意度が増加するという現象です（ザイアンス，1968）。特に，好きでも嫌いでもない，中性的な刺激に何回も見たり聞いたりすると，だんだんその刺激の脳内処理が円滑になり，好意的になると考えられています（ボーンステインとダゴスティーノ，1994）。

ボーンステイン（1989）は，1968年から1986年までに実施された単純接触効果に関する208の実験についてメタ分析を行いました。

ボーンステインが，メタ分析の対象とした実験では，刺激として音声，写真，言葉，多角形，絵画，香り，実際の人物などが使われていました。分析の結果，単純接触効果が存在することが認められ，全体の効果量（*r*）は.26でした。効果量とは，この場合で言えば，刺激との接触回数とその刺激に対する好意度との関連性の強さを示しています。その値が.26というのは，中程度の関連度であるということを表しています（コーエン，1988）。

ボーンステインは，メタ分析を通じて，次のようなことも見出しています。

- 同じ刺激を時間的に長く提示するよりは，その刺激を多少変化させたものを短時間（5秒以内）提示する方が効果的である。
- 刺激に対する好意度は，10-20回の提示で最高になる（その後の好意度は低下する）。
- 刺激を見た（あるいは，聞いた）と認識することは必要ではなく，人が認識できないレベルのサブリミナル刺激（例えば，聞こえないくらい音量が小さい，見えないくらい提示時間が短い）を用いた方が効果的である。
- 年齢の高い人に対する方が効果的である。若い人は，同じ刺激を何回も見たり聞いたりするよりも，新規な刺激の方が好きなようである。
- 単純な刺激よりも複雑な刺激の方が効果的であるが，絵画やイラストでは，効果は小さい。

皆さんも経験しているように，いくら気に入ったもの（例えば，とても好きな音楽）でも何回も接触していれば飽きてしまいます

（私たちは，ある刺激に何回も接触すると，その刺激に慣れてくる（馴化）という反応パターンも示しています）。したがって，単純接触効果も，刺激の提示回数を単に増やせばよいというものではなく，その刺激に合った**最適な提示回数**があるということです。

さらに大事なことは，これらの実験で用いられた刺激は，もともと好きでも嫌いでもない，中性的な刺激であったということです。既に「嫌い」という評価が受け手から下されてしまっている場合は，いくら接触回数を増やしても嫌悪感が増すだけであると考えられます。一旦，受け手から嫌われてしまったら，いくらその人の前に立ち現れても，単純接触効果を期待することはできず，その受け手からストーカーのようにネガティブな存在としか認識されなくなってしまうでしょう。その場合には，時間をかけて少しずつ自分の良さを知ってもらったり，次に述べるように，双方が力を合わせないと達成できないような課題を一緒に行うという経験をすることが関係改善に役立つと考えられます。

近接性が好意度を高める二つ目の理由は，近接性がもたらす**共通の体験による類似性**です。互いに近くにいるということは，それだけ共通の体験を持つ可能性が高まります。例えば，互いに挨拶をすること，近所であれば地域の行事に参加すること，学生であれば一緒に課題作業を行うこと，企業であれば一緒にプロジェクトに参加することなどが考えられます。

共通の体験をするということは，両者の間に，その体験に関する類似性が形成されることになります。上記で類似性の効果を見たように，類似性は好意度を高める方向に作用する傾向があります（もちろん，共通の体験が好意度を高めるだけとは限らず，作業中の意見の対立を通じて，人間関係が悪くなることもあります。しかし，全体的には好意度が高まる方向の変化が生じやすいと言えます)。例えば，一緒に映画や美しい景色を見て感動を共有したり，一緒にウォーキングやサイクリングをしたりすることなどです。

特に，共通の目標を目指してお互いが力を出し合うことが，お互いの嫌悪感の低減，好意度の上昇へつながりやすいと言えます。例えば，それまで反目し合っていた2つのグループが，互いに協力し合わなければならない状況に置かれると，次第に敵対関係が解消されることがシェリフら（1961）の次のような集団実験で示されています。

彼らは，夏休み中のキャンプ生活に参加した男子小学生を対象に実験を行いました。まず，ランダムに2つのチームを作り，チーム名を決めさせ，チームの旗を作らせることを通して，チームとしてのアイデンティティを形成させました。その後，綱引きやゲームなどを行って2チームを競争的な状況に置きました。そして，その競争的な関係を解消するために，一緒に同じ場所で食事を摂るというように，同じ行動をとる状況を作りましたが，うまくいきませんでした。そこで，シェリフらが考えたのは，両チームが力を合わせなければ，問題を解決できないような状況を設定することです。例えば，轍(わだち)にはまった食糧輸送の車をみんなで力を合わせて動くようにする，みんなで少しずつお金を出し合って見たい映画を借りられるようにするなどです。この方法は功を奏し，仲良く帰途についたということです。

最後に，近年のネット環境の変化に目を向けておくことにしましょう。最近では，インターネットが発達してきて，個人間の物理的，地理的距離が克服されつつあります。LINEやFacebook，Instagramなどの SNSやビデオ通話のできるSkypeを使えば，物理的距離を意識することなく，情報や静止画，動画を個人間でやりとりできます。ということは，近接性という要因は，これらのテクノロジーによって克服されつつあると言えるのでしょうか。

ジァンとハンコック（2013）は，質問紙調査を行った結果，その問に Yesと答えています。回答者は，離れて住んでいるために多くても一週に一度しか会うことのできないカップル，あるいは，互いに近くに住み頻繁に会うことができるカップル，計67カップルでした。彼らによれば，遠くに離れているカップルの方がお互いに親密な情報を提供し合い，パートナーに対してより理想的な姿を描いていました。また，遠距離カップルは，近距離カップルに比べて相手を信頼する程度が高く，パートナーをより親密に感じているということです。SNSを初めとするテクノロジーがカップルの物理的（地理的）距離を克服し，心理的距離を近づける作用をもたらしていると言えます。

（c）　返報性　　好意度をもたらす三つ目の要因は，好意の返報的な関係です。自分が相手に好意を示せば，相手も自分に対して好意的になってくれる可能性が高くなるということです。もちろん，恋愛関係においては片思いという，私たちにとってつらい現象もありますので，好意の返報性が必ず生じるというわけではありません。しかし，好意を示さないよりは，好意を示した方が，相手から好意的に思われやすくなるということです。

返報性というのは，お返しの原理です。「受けた恩義には，将来報いなければならない」という義務感に基づいたお返しのルールです（グールドナー，1960）。私たちは，親や教師から，以前，自分を援助してくれた人が困っていたら，今度は自分が援助してあげることを教えられます。また，その考え方を拡大して，仮に困っている人が以前自分を助けてくれた人でなくても，困っているということで私たちは援助しようとします。

例えば，大地震に見舞われた地域に行きボランティアとして活動したり，寄付金を送ったりするという事例を見ることがあります。また，以前受けた恩義を返す機会がすぐに訪れなくても，何十年か経った後に，その恩義を返してあげるという長期的返報性も見受けられます。「情けは人のためならず」という言葉は，これらの現象を表現しています。そして，この相互援助システムが人類を生きながらえさせている一つの要因であると言えます。

こうした関係性が人を好きになる場合にも認められるということです。ただ，上記のようにどのような場合にも好意の返報性が生じるというわけではないようです。送り手が受け手にとって望ましい属性を持っている場合は，受け手に好意を示した方が，好意の返報性が生じやすいことがシガルとアロンソン（1969）の実験で明らかにされています。彼らの場合は，望ましい特性として容貌（身体的魅力）を用いていましたが，ルックスのよい人から好意を示された場合は，そうでない人から好意を示された場合よりも，好意の返報性が認められたということです。

ということは，まずは受け手にとって望ましい（価値のある，評価の高い）存在になり，その上でこちらから好意を示せば，受け手から好意を得られる可能性が高くなるということです。ただ，受け手がどのような属性を望ましいと捉えているかは，受け手次第のところがありますので，それを特定するのはむずかしい部分があります。

しかし，一般的には，例えば，容貌，表情の豊かさ（特に笑顔），ファッション・センス，受け手にとって心地よい距離感，人当たりのよさを示すコミュニケーション・スキル，豊富な一般的知識，話の面白さ，あるいは，特定の領域に関する専門的知識などをあげることができるでしょう。要は，受け手にとって報酬となるものをどの程度提供できるかということです。こうした望ましい属性を持ち合わせていない場合は，まずはそれらを身につける努力をするということになります。

今まで，受け手とのよい人間関係の形成という観点に基づいて，受け手から好意的に思われる要因を見てきました。具体的には類似性，近接性（接触頻度），（好意の）返報性でした。それでは，説得研究において，送り手として保持しておくべき属性としてどのようなものが指摘されているのでしょうか。次にその点を見ていくことにします。

●送り手の属性

(a)　専門性と信頼性　社会心理学の説得研究において，説得効果（受け手が説得に賛同するようになること）に影響を及ぼす要因の一つとして，送り手の属性（特徴）が注目されてきました。具体的には，送り手の専門性（expertness）と好感度（likability，attractiveness）です。それらの効果について実験した114の研究結果から言えることは，送り手の専門性は説得効果の15.5％に効果を持ち，好感度（この研究の場合，身体的魅力度）は6.3％の効果があるということです（ウィルソンとシェレル，1993）。この数値は決して大きいとは言えませんが，専門性の効果性は一定程度あると言えそうです。

ここで，**専門性**とは何でしょうか。それは，ある特定の領域において，豊富な専門的知識を持ち，卓越した技術や技能を持っている程度のことです。領域によっては，その専門性は国家資格（弁護士，医師，建築士，公認心理師など）のような形で公的に認定され，その道の専門家であることを一般の人でも認識できるようになっています。そうした国家資格に合格した人には資格証が交付され，合格したことがわかるようなバッジが作られていることもあります。

説得の場面においては，受け手が送り手の専門性をどのように認識するかにかかっていますので，通常，送り手は自分の専門性が高いことを受け手に対して自己提示することになります。例えば，上記のような国家資格を持っているとか，特定の専門職に就いているとかという自己申告をします。それに基づいて，多くの場合，受け手はその情報を信頼して，「この送り手はこの領域の専門家なんだ」と判断します。

ただし，ここに落とし穴があることに注意が必要です。本来の専門家でなくても，専門家の振りをすることが簡単にできてしまうということです（チャルディーニ，2014）。上記の例であっても，相手から自分は弁護士であると自己申告され，それなりにきちんとしたスーツを着てさえすれば，弁護士バッジを付けていなくても，この人は弁護士であると信じてしまいがちです。また，その気になれば，バッジや資格証は偽造できてしまうものです（もちろん，これは違法ですが）。かといって，（自分に法律の知識が少ない場合）自分がその人の法律上の専門知識を試すことはできませんから，申告された通りに信じることがコストのかからない，手っ取り早い判断となります。

送り手の属性の話に戻りますと，いくら専門性の高い送り手であっても，信頼できない人であれば，その専門性の持つ意味合いは軽減されてしまいます。そこで，説得研究においては，信頼性（trustworthiness）にも目が向けられています。**信頼性**とは，送り手自身の持っている情報をどの程度正確に，公平な視点から受け手に提供しているかということです。例えば，専門的知識を持っていても，わざと間違った情報を受け手に伝えるとか，送り手自身に有利になるような情報だけを受け手に伝えるというのであれば，信頼できない送り手となります。この信頼性と専門性を合わせて，**信憑性**（しんぴょうせい）（credibility）と呼ばれています。先のウィルソンとシェレル（1993）の研究において，信憑性が説得効果にもたらす程度は，7.5%でした。

専門性の効果があまり高くない一つの理由は，先ほど紹介した精査可能性モデル（ペティとカシオッポ，1986）と関連していると考えられます。送り手から提示された説得メッセージの内容が自分の利害に大きく関わる場合は，送り手の専門性や信憑性にも目を向けますが，それ以上に自分でよく考えようとするでしょう（中心ルート）。自分でインターネットを調べたり，友達に聞いたりして，情報を集めることでしょう。説得メッセージで主張されていることが正しいと確認できた場合には，送り手の信憑性が高い場合には，そうした自分の判断に対する自信が高くなることも確認されています（ブリニョールら，2004）。

逆に，説得メッセージがあまり自分の利害と関わりがない場合は，よく調べようとはせずに，送り手の属性に注目し，専門家の言うことならば正しいだろうと考え，説得メッセージに応諾しやすくなります（ペティら，1981，周辺ルート）。つまり，説得の内容が受け手自身の利害に関連しているかどうかによって，専門性の効果が異なるということです。

なお，送り手の専門性が高い場合よりも低い場合に，受け手は説得メッセージについてよく考えるという傾向も見出されています（プリースターとペティ，1995）。専門性が高い場合には，その説得メッセージをある程度信用できるけれども，専門性が低い場合には，専門家としてあまり信頼できないから，受け手自身でよく考えようということになります。

ただし，説得メッセージと受け手の利害が大きく関わっている場合であっても，説得メッセージに説得力のある情報（強い論拠）が多く用意されている場合は，専門家であるという情報を提示するタイミングが説得効果を左右しているようです。トーマラら（2006）によれば，上記の場合，説得メッセージを受け手に伝えた後，「実は，私はこの問題に関する専門家で，○○という資格を持ち，長年△△の問題に取り組み，解決してきました」というような情報を伝えると，専門家であることをメッセージ前に提示するよりも説得効果の大きいことが見出されています。

（b） 専門性が高いと認識されるには 受け手から専門性が高いと認識されるには，言うまでもなく，説得メッセージのテーマについて専門家と言えるほどの知識を持っていることです。実際の説得場面において，受け手に対して専門家でなくてはわからないような豊富な知識を対話の端々で提供することです。その際，専門用語を振りかざすだけでなく，その意味を素人にもわかりやすく説明できることが専門家として求められていると言えます。

素人は，往々にして問題を表層的にしか捉えることができないわけですが，専門家は，その背後にある見えない問題点を指摘したり，受け手の置かれた状況を場合分けしたりして，適切な選択肢の選び方を状況ごとに提示することができます。

また，第6章でも紹介するように，送り手が受け手に提示する説得メッセージには，送り手の考えを主張するための論拠（理由）が含まれています。その論拠が充分意味あることを示すために，送り手の専門知識を動員します。また，専門家でなくては手に入れることができないようなデータ（証拠）を提示できれば，専門家としての立場を受け手にアピールすることができます。

その際，受け手にとって有益な情報を，（送り手の利害のためではなく）受け手のために提供することが，送り手としての信頼を勝ち取ることにつながります。

また，送り手の専門性を裏付ける資格を持っていれば，それとなくそれを受け手に伝えることです。直接，受け手に言葉でそのことを伝えなくても，資格証を提示したり（例えば，担当の医師が所属する医学会の認定医，専門医，指導医であることを示す資格証を壁に貼っている病院があります），資格を示すバッジや制服を身につけたり，関連する専門書を本棚に並べたりすることができます。

あなたの専門性が多少弱いと自覚している場合は，専門性の高い人の力を借りることもできます。専門家として経歴の長い人を受け手に紹介したり，そうした人と一緒に受け手に応対したりすることです。

(c) 好感度　次に，**好感度**とは，送り手の持つ魅力度，人当たりのよさ，親しみやすさなどのことです。専門性よりは説得効果は認められていませんが，送り手の好感度が低い場合よりは高い場合の方が効果的であるようです。私たちの日常的な経験に基づけば，何か居丈高で自分勝手な，感じの悪い人から言われるよりも，笑顔で物腰柔らかな人当たりのよい人から言われた方が，その説得に応じようという気になることは理解できます。また，チャルディーニ(2014）も，人に影響を与える際の道具の一つとして好意（liking，友人関係を築くこと）をあげています。

しかしながら，外見という身体的魅力度を主にした好感度が，説得の応諾度に及ぼす効果は，前述しましたように，信憑性よりも低い値でした。実際には，私たちが自分で実感しているほど，私たちは，送り手の好感度からは影響を受けていないということです。だからと言って，好感度は説得効果に関係ないと言い切れないところに，説得という現象のむずかしさがあります。その効果は小さいかもしれないけれども，ないがしろにはできないということでしょう。

(d) 好感度を高めるには　好感度を高める方法については，既に対人魅力の規定因として，**近接性**，**類似性**，**返報性**を紹介しましたので，それらを思い出してください。また，その他には，**顔の表情やしぐさ**などを受け手に受け入れてもらいやすいように訓練することも考えられます（重太，2013）。人に好感を持たれる笑顔や感じのよいしぐさは，自分で意識的に訓練すれば，ある程度身につけることができます。

受け手とのよい人間関係，つまり，受け手が送り手を好ましい存在として認識し，いわゆる友人関係と言えるぐらいの関係になるのは，一朝一夕にはできません。ある程度の時間（1，2か月，あるいは，半年，場合によっては1年以上かかるかもしれません）をかける必要があります。

最初は，全く耳を傾けてくれなかった受け手であったけれども，数か月かけて家に招き入れてくれるほどの関係を築くことができたということもあります。週に2，3日ずつ，まずは，顔を見せ，挨拶だけをしに行き，次第に，受け手が世間話に乗ってきてくれるようであれば，世間話をして帰ってきます。その際，相手の名前を親しみを込めて呼ぶことも，相手との心理的距離を縮める一つの方法です。その間，両者の**類似性**を指摘することも一つの方法です（バーガーら，2001）。もちろん，その際の**言葉遣い**には十分注意し，基本，丁寧語，尊敬語，謙譲語を用いるようにします。場合によっては，受け手の言葉遣いに合わせて，類似性の雰囲気を出すことも考えられます。

世間話から相手の**趣味や好み**がわかれば，その話に応対できるように勉強したり，好みのものを差し入れしたりして，受け手との心理的距離が短くなるように努力します。そして，タイミングを見計らって，こちらの伝えたい説得メッセージを相手に伝えます。

また，既に好意の返報性のところで述べましたが，**返報性の原理**を用いて，あらかじめ受け手に報酬を与えることが，後の説得に対する応諾につながることもあります。受け手との人間関係を構築する中で，受け手にとって報酬となるものをあげたり（例えば，受け手の趣味につながる希少性の高いものや情報を提供する），報酬となることをやってあげたりすることです（例えば，受け手が面倒と思っている作業を手伝うこと）。ただし，この方法は，受け手の応諾を期待して，送り手が意識的に行動している面がありますので，多少，操作的な印象があります。

じっくり時間をかけ，労力を厭（いと）わなければ，受け手が送り手に耳を貸してくれるような関係まで作ることは可能でしょう。早急に見知らぬ人の考えを送り手の望むように変える必要がある場合であっても，受け手がこちらに耳を貸さなければ，説得のスタート地点に立つこともできません。ある程度の時間を用意することを前提にして，説得に当たる必要があります。性急に事を運ぼうとすると，第4章で取り上げる心理的リアクタンス（反発，抵抗）が生じやすくなってしまいます。

次の第3章では，送り手の話を聞いてくれるような関係を築けている場合に，どのような状況で説得メッセージを受け手に提示すればよいのか，説得時の状況について見ていくことにします。

第３章
説得状況の準備
――効果を上げる意外なポイント

前章では，受け手との人間関係に目を向けました。そして，受け手との間に（できれば友人関係のような）良好な人間関係を形成することが，説得のスタート地点に立つための重要な点であると指摘しました。

それでは，仮にうまく受け手との人間関係を作れたとしましょう。場合によっては，既にそうした人間関係を築けているかもしれません。次に，受け手が考えるべきことは何でしょうか。送り手として説得をうまく運ぶためには，まだいくつも考えるべきことはありますが，その一つが受け手に説得メッセージを伝える際のお膳立てです。どのような状況において，いつ受け手に提示するかという問題です。ここでの目標は，第二の鍵となる，受け手の理解を促すための環境作りです。

その際に考えるべき点として，(a) 受け手にとって快適な環境と (b) 受け手の心理的状態，をあげておきたいと思います。ただし，これらの要因と説得との関係性については，特に社会心理学において検討されてきたわけではありません。既に紹介しましたように，社会心理学の説得研究においては，質問紙実験の形を取ることが多く，質問紙に説得メッセージが記載され，それを被験者が読み，説得メッセージに対する賛否を回答するよう指示されます。説得メッセージを読む状況は，授業直後の教室，あるいは，個別に小部屋において1人で回答するというものです。被験者が説得メッセージを理解しやすいように，蒸し暑さや騒音などの妨害要因ができるだけないように配慮されています。基本，快適な状況でデータが収集されています。

もちろん，説得メッセージとは関連のない，外的な妨害要因が，説得効果を低下させる可能性についても研究は行われていますが，その結果は，私たちの予測通りです。妨害要因は説得効果を低下させることをスティフとモンジョ（2003）は指摘しています。

現実場面で人を説得する際には，必ずしも快適な状況が自然に確保されるわけではありません。送り手の方で受け手を説得するのに適した状況を意図的に作っておく必要があります。そこで，そのような状況の要因にはどのようなものがあるのか，送り手としてどのような点に注意する必要があるのかを見ていくことにしましょう。

●快適な環境作り——温度

近年，個人の置かれている環境，特に温度と他者の印象評定との関連性が指摘されています。例えば，ウィリアムズとバージ（2008）は，被験者にホットコーヒーまたはアイスコーヒーを手に持ってもらい，その後，対象人物のパーソナリティーを評定してもらったところ，ホットコーヒーの方が対象人物をより温かく評定したことが見出されました。

彼らは，アッシュ（1946）が印象評定の実験において特定のパーソナリティ特性が対象人物の印象を大きく変えたことを受けてこの実験を行ったのでした。アッシュの実験を疑似体験するために試しに，次の2つのパーソナリティー特性群を比較してみてください。対象人物（あなたと同性，同年齢であるとしましょう）をよく知っている人が，その人のことを次のようにあなたに紹介してくれたと思ってください。これらの特性を読んで，その対象人物がどのような人であるかイメージしてみてください。

その人は，

a．知的で，熟練していて，勤勉で，温かくて，
断固としていて，問題解決能力が高く，用心深い

b．知的で，熟練していて，勤勉で，冷たくて，
断固としていて，問題解決能力が高く，用心深い

多くの人は，両方の対象人物とも仕事はできるようだけれども，aの方が人当たりのよさそうな感じを受けたのではないでしょうか。ちなみに，私たちが他者を「温かさ」と「能力（competence）」という二次元で捉えているようであることがフィスクら（2007）によって指摘されています。

ウィリアムズとバージは，こうした結果を受けて，手に持つものの「温かさ」と他者の印象としての「温かさ」との関連性に注目したのでした。日本でも塩沢・大江・望月（2012）が彼らの実験を追試し，同じような結果を得ています。また，イザーマンとセミン

(2009) は，温かいものを持ったり，温かい部屋にいたりすると，冷たい場合よりも，知人や実験者との距離感を短い（つまり，自分に近い存在である）と認識するようになることも見出しています。

このように，身体的な感覚や動作が判断，思考などに影響を与えている現象は，**身体化認知**（embodied cognition）と呼ばれています（本元ら，2014；Wilson，2002）。これらの研究結果に基づけば，環境要因にも注意を払う必要のあることがわかります。環境要因として考えられるのは，温度の他にも，湿度，騒音（あるいは背景音楽），香り，そして，他者の存在が考えられます。

室温と人の混み具合について4条件を設定したグリフィットとヴェイチ（1971）は，暑い部屋（約29℃）の方が快適な部屋（約23℃）よりも（また，混んでいる部屋の方が）対象人物に対する好意度が低くなることを見出しています。

これらの結果に基づけば，受け手に説得メッセージを提示する場合は，快適な室温，湿度を確保し，受け手が緊張して手が冷たくなっているようであれば，温かい飲み物を用意しておく（真夏の蒸し暑い日であれば，冷たい飲み物）を用意しておくことが，受け手の好意的な反応を得ることにつながると言えるでしょう。

●快適な環境作り――音

騒音の妨害効果については，改めて言うまでもないでしょう。説得しようとしている際に，気になる機械音や工事の音，交通騒音などがあれば，受け手の注意（attention）の一部はそれらに向き，送り手からの説得メッセージを理解するための認知処理がおろそかになると考えられます。もちろん，騒音がないからと言って，受け手が100％，メッセージの認知処理に注意を向けること，向け続けることは無理でしょうが，騒音が受け手の注意を削ぐことは確かです。

また，近年の研究では，私たちが注意を向ける対象は，私たちにとって意味あるものであると判断していることも指摘されており（焦点化錯覚（focusing illusion），カーネマンら，2006），送り手にとって重要な説得メッセージ以外のものに受け手が注意を向けてしまうことを減らすように努力する必要があります。逆に，説得メッセージに受け手の注意，関心をうまく向けるようにすれば，それだけそのメッセージが重要なものであると判断してもらえる可能性も高まるということです（チャルディーニ，2017参照）。説得メッセージに興味を持ってもらう一つの方法がストーリー説得であり，それについては第6章で紹介します。

音の場合は，騒音の他にも背景音楽（background music）が考えられます。背景音楽は流した方がよいのでしょうか，流すとしたらどのような音楽がよいのでしょうか。音楽の効果について研究データがあるのは，消費者行動，広告の分野です。店内に音楽を流して購買行動を促すという考え方です。例えば，ガーリンとオーウェン（2006）のメタ分析によれば，店内に音楽をかけている場合はかけていない場合よりも，顧客の店内滞留時間が長く，その傾向は，特に，小さい音量で，スローテンポの，親しみのある音楽をかけている場合に強く認められました。また，顧客にとって好きな音楽がかかっていることは，お店に好印象をもたらしていました。

通常の個人間の対面的な説得場面における音楽の効果に関するデータはないようです。音楽による効果があるかどうかは不明という状況です。仮にデータを収集したとしても，音楽は人によって好みが異なりますので，一貫した傾向を認めるのはなかなかむずかしいかもしれません。

ちなみに好きな音楽とパーソナリティーとの関連性を見出しているのが，レントフローとゴスリン（2006）です。彼らは大学生を被験者にしているのですが，ヴォーカル曲が好きな人は外向的で，カントリー曲が好きな人は情緒的に安定していて，ジャズが好きな人は知的であるという傾向を見出しています。

説得メッセージの提示中に受け手の好きな音楽をかけることができれば，後述するように受け手をよい気分にすることは可能でしょう。ただし，背景音楽は説得メッセージに比べれば，あくまで周辺的な存在であることに留意する必要があります。特に，第１章で紹介した精査可能性モデルに基づけば，説得メッセージの内容を精査して，中心的ルートで判断しようとする受け手には，音楽の効果はあまりないと考えれられます。

●快適な環境作り——香り

音楽と同じような位置にある要因として香りをあげることができます。室内芳香剤，洗濯柔軟剤の香りなどにも関心が向けられている現在では，私たちの生活において香りが一役買っていると言えます。その一方で，無臭であることにも価値が置かれ，室内の消臭剤も販売されています。

香りと私たちの行動との間にはどのようなことが見出されているのでしょうか。再び消費者行動に関する研究になってしまいますが，ゲガーンとピータ（2006）は，香りと消費者行動との間に関連性があることを実験的に明らかにしています。ラベンダー（!?）の香りをピザ店内に漂わせると，顧客の店内滞留時間や消費金額が多くなるということです。シュバとミション（2003）やレーンダースら（2016）は，シトラスやメロンの香りを店内に漂わせると，顧客の支払金額が多くなることを明らかにしています。また，セラーロら（2014）は信頼ゲームを用いて実験を行い，ペパーミントよりもラベンダーの香りを室内に漂わせると，他者を信頼するようになることを見出しています。

梅津（2010）は，こうした香りの作用を化学的に分析し，以下のことを見出していますが，まだ不明な点も多いようです。

- ローズ（バラ）とラベンダーの香りが不安感を低減させる作用がある。（さらに言えば，ローズに含まれる2-フェネチルアルコールとシトロネールが中枢神経系に働いて，その作用をもたらしており，ラベンダーの場合は，リナロールが作用している。）
- ペパーミント，カモミールには中枢興奮作用が認められる。
- 逆に，グレープフルーツ，オレンジには中枢抑制作用が認められる。

香りについても音楽と同様，好みの個人差が大きく，一つの香りが幅広く説得効果を持つということは考えにくいでしょう。さらに，その効果は時間と共に減衰していくので，効果を持続させるためには，適度な濃度の香りを発生させ，維持する必要があります。実際，香りと説得効果との関連性に関する研究は検索してみてもなかなかヒットしません（オンラインデータベース（EBSCOhost）の心理学関係の分野において,「香り,説得」というキーワードを用いて2017年4月10日に検索)。

人をポジティブな気分にさせるような香り(あるいは,少なくとも不安を低減させるようなローズやラベンダーの香り)を用いれば,その気分が説得に及ぼす効果を多少利用できるかもしれません。また,ラベンダーの香りを室内に流しておくことは,説得メッセージに注意を向けてもらう一つの方法になり得るでしょうが,その効果については,さらなる検討が必要なようです。

説得時に悪臭(もしくは嫌いな臭い)があることは,説得メッセージ理解の妨害要因となることが充分予測されますので,まずは,室内の無臭化を図ることが大事なのでしょう。

●快適な環境作り——他者

環境要因の一つとして「他者」をあげることに違和感を持つかもしれません。しかし,他者の存在も重要な環境要因として取り上げることができます。例えば,簡単な作業をしているときに周囲に他者がいた方がいない場合よりも作業量が増えたり(社会的促進。ザイアンス,1965),逆に,他者と同じ作業を行い個別の作業量が確認されないときは,1人あたりの作業量が1人だけの場合よりも減ったりする(社会的手抜き。ラタネら(1979))現象が確認されています。

説得の状況においてはどうなのでしょうか。送り手と受け手の近くに見知らぬ第三者がいることによる影響です。他者の存在は,説得の促進効果というよりは,妨害効果の方が大きいかもしれません。他者に注意が向き,その分,説得メッセージの認知的処理がおろそかになると考えられるからです。他者が自分たちの話を聞いているのではないかと気になる，プライバシーの侵害が懸念されるという側面もあるでしょう。ということは，基本，説得では第三者が近くにいないような状況を作ることが望ましいということです。

ただ，受け手に直接，説得メッセージを伝えるのではなく，第三者を介して間接的に説得メッセージを伝えるという場合には，第三者の存在が重要となります。前述した**漏れ聞き効果**と呼ばれている現象です（ウォルスターとフェスティンガー，1962）。

トピック1とは別の例で考えてみましょう。ある公園であなた（喫煙の習慣があるとします）が1人でベンチに座っているとします。その隣のベンチで夫婦らしき男女が座っていて，女性が男性に向かって，そろそろ禁煙したらと提案しています。いろいろ理由を挙げています。2人の会話を聞くつもりはないけれども聞こえてきてしまいます。それを聞いてあなたは自分も禁煙しようかと考えるようになるかもしれません。もしそうであるとすれば，漏れ聞き効果が生じたことになります。

つまり，送り手（この場合は，見知らぬ女性）があなたに何かを説得しようという意図は持っていないのだけれども，たまたまその女性が他者に提示した説得メッセージを小耳に挟み，その影響を受けてしまうということです。もし，この女性が意図的にこのような状況を作り，あなたに説得しようとしていたらどうでしょうか。送り手の説得意図が受け手としてのあなたに隠されていますので，倫理的には問題でしょう。でも，受け手であるあなたに送り手の説得意図が見えなかったことが，賛同をもたらしていると考えられるのです（ウォルスターとフェスティンガー，1962）。

現在は，漏れ聞き効果を利用した広告・宣伝はないようですが，それが利用されても受け手である消費者は，企業の説得意図を見破ることができず，特定の商品やサービスを買ってしまうかもしれません。インターネット上でも意図的に漏れ聞き効果を活用していることはないかもしれませんが，見知らぬ人たちの（自分に向けて発したのではない）会話の内容に影響を受けてしまう可能性は考えられます。

●受け手の心理的状態

次に，説得を行うにあたって配慮すべき受け手の心理的状態について見てみましょう。改めて言うまでもなく，受け手に説得する際には，受け手が心理的に余裕のある状況の方が，送り手にとって望ましい結果が生じる可能性が高くなると言えます。受け手が忙しくしているとき，何か問題が生じてストレスを感じていたり，落ち込んでいたりするときに，話をしようとしても，送り手の言うことに耳を貸さず，理解してくれないかもしれません。

あなたも一度は人から次のように言われた経験があるかと思います。

「今，忙しいから後にして」

話しかけようとする側は，今すぐにでも話したくて，うずうずしているので，聞き手の状況にはあまり目が向かなくなっています。しかし，説得する場合には，今，受け手に話しかけてよいのかどうか，話しかけるのなら，いつがよいのかを的確に判断しておく必要があります。的確な時期がわからなければ，受け手に尋ねます（その間に，受け手が説得されることを察して，何らかの対応（情報収集，根回しなど）をしてしまう可能性はありますが）。

●受け手の情動状態

それでは，情動状態についてはどうでしょうか。情動（emotion）とは，怒り，恐怖，喜び，悲しみなど，その原因や対象が明確で，一時的な強い感情（affect）のことを指します（北村・木村，2006）。ちなみに，感情とは，よい感じ—悪い感じ，好き—嫌いなど状況や対象に対する価値付けに関わる心的プロセスです（道家，2010）。それに対して，対象が明確でない，比較的持続する感情は気分（mood）と呼ばれ，よい気分，悪い気分などと表現されています。

ディラードとスィオ（2013）は，情動の生起とその後に生じやすい行動傾向を次のようにまとめています。

恐怖 → 黙従,
怒り → 攻撃,
悲しみ →（悲しみからの）回復,
幸福 → 恩恵に浴する,
希望 → 努力の更新,
満足 → 不動（現状維持）

これらを見ると，情動にはどのようなものが含まれ，また，各情動によって異なる行動の生じやすいことがわかります。これらのうち，最初の3つはネガティブな情動であり，残り3つはポジティブな情動です。

それでは，情動と説得効果についてはどのようなことが見出されているのでしょうか。ナン（2009）は次のようにまとめています。怒りの場合は説得メッセージに対する反論を生じさせやすく，説得メッセージに賛同しにくいが，罪悪感は逆に罪悪感を解消しようと説得メッセージに賛同しやすい。幸福の場合は説得メッセージに賛同しやすいが，満足している場合は賛同しにくい，とまとめています。

これは私たちが常識的に感じていることと合致する結果であり，一般的に，ネガティブな情動状態よりもポジティブな情動状態の方が，受け手は説得メッセージに賛同しやすいようです。それでは，受け手がポジティブな情動状態である，あるいは，よい気分であるようにするにはどうしたらよいのでしょうか。

確実なのは，受け手が（原因が何であれ）ポジティブな情動状態である時を選んで説得メッセージを提示することでしょう。しかし，こちらの都合のよいように，受け手の情動状態がポジティブになるわけではありません。その場合には，受け手をポジティブな情動状態もしくはよい気分にすることを考えるかもしれません。

●受け手をよい気分にするには

受け手をよい気分にするにはどうすればよいのでしょうか。私たちの基本的な特性（報酬を求め，罰を回避する）から考えれば，受け手に何らかの報酬を与えればよいことになります。受け手が喜ぶようなものを事前にプレゼントする，受け手が大事にしているものを誉める，受け手自身を誉めるなどがあります。（何か品物を事前にプレゼントする場合は，**返報性**の原理も関連してきて，受け手の気分がよくなるだけでなく，返報的に反応することも期待できます。）

受け手を誉めることは，社会心理学では，**迎合・ご機嫌取り**（ingratiation）として研究されています。特に，組織における上司―部下関係において多く研究されてきました。そして，ゴードン（1996）のメタ分析研究によれば，迎合の効果はあるということです。例えば，ご機嫌取りをする部下はそうでない部下よりも，上司による部下の業績評価が5％高く（デルーガとペリー，1994），レストランのお客にご機嫌取りをするウェイターはそうでないウェイターよりも客からもらうチップが多いということです（セイタ，2007）。

ご機嫌取り研究を最初に行ったとされるジョーンズ（1977）は，ご機嫌取りを3カテゴリーに分類しています。

(a) 誉める　受け手が喜ぶように誉めることです。いわゆる，お世辞や追従（ついしょう）に近いものです。受け手が大事にしているもの（例えば，気に入っているバッグや服），受け手の行動（ボランティア活動や人助け）やパーソナリティー（親切，人当たりがよい）などを誉めることができます。

(b) 同調する　受け手の考えや判断に賛同し，それらが正しいことを指摘することです。受け手と同じ行動を取ることも含まれます。

(c)（社会的に望ましい）自己提示をする　送り手が受け手の目に魅力的で，価値あるように見えるよう自己提示することです。受賞経験，特技などをさりげなく伝えることです。

いずれの場合も，実際はそう思っていないのに，誉めたり同調したりする場合は，偽りのご機嫌取りとなり，倫理的には問題です。受け手がそれを見破れば，ご機嫌取りの効果は消失するでしょう。

ご機嫌取りはなぜ効果があるのでしょうか。その効果の背後にある要因として，ガスとセイタ（2011）は3つ挙げています。

(a)　ご機嫌取りの受け手は，（自分を高評価してくれたことを受けて）送り手に対する**好意度**が高くなります。

(b)　ご機嫌取りを通して，両者の**類似性**が認識されます（好きなものが一緒であることが確認されるということです）。

(c)　**レイベリング**（レッテル貼り）によってご機嫌取りが生じます。（「今日は，一段とお元気そうですね」とか「さすが先のことまで読んで判断されていますね」と受け手に伝えると，受け手はその言葉により自分に対する（望ましい）認識を新たにします。）

このように受け手をよい気分やポジティブな情動状態にするには，誉めたり，品物を事前にプレゼントしたりすることが考えられます。

本章では，説得を行うにあたって，説得がうまく運ぶような事前の環境作りに焦点を当ててきました。次は，いよいよ説得メッセージ作りと考えられるかもしれませんが，その前にできるだけ受け手の反発を生まない方法について少し考えてみたいと思います。

第４章
受け手の自由とリアクタンス
——相手の反発を捉える

第３章で説得を行うにあたり準備しておくべき点を確認しました。その次に，説得すると受け手はどのような反応をとりやすいのかについて第１章とは別の観点からおさえておくことにしましょう。受け手のことをさらによく知っておくということです。第三の鍵は，自由とリアクタンスです。

物体に力を加えると，その物体から逆方向の力が返って来ます。壁を拳で打てば，壁に打ち付けた力に応じた痛みを拳に感じます。作用—反作用という関係です。これは本書で見ている説得にも見られます。受け手にある行動をとるように伝え，受け手の自由を制限すると，受け手はそれに反発を覚え，「No」という答えが返ってきやすくなります（図９）。もちろん，人間は物質ではなく，個々の意思がありますから，常に100％「No」という答えが返ってくるわけではありません。しかし，常に「Yes」というわけでもなく，多くの場合は，受け手の自由が制限されている（自由への脅威）と受け手が感じるほど，受け手は「No」と答えやすくなります。それは，私たち個人が自分には自分の考えるように，好きに行動する自由があると認識しているためです。他者からの説得は，そうした自分の自由を制限するために，反発を覚えるのです。

こうした送り手からの働きかけに対して受け手がどのように反発

図９　心理的リアクタンス（反発）

を覚えるのかについて考察し，**心理的リアクタンス**（psychological reactance）という概念を提唱したのが，ブレーム（1966），ブレームとブレーム（1981）です。まず，彼らの考え方を紹介し，その後，いかに受け手のリアクタンスを生じないようにするかについて見ていくことにしましょう。

●心理的リアクタンス

ブレームとブレーム（1981）の**リアクタンス理論**で出発点となるのは，**自由**（freedom）です。私たちは，**自分が自由に行動できる**

という認識を持っていると考えます。と言っても，ここで問題にしているのは，何でもかんでも自由にできるという「一般的な自由」ではなく，ある特定の行動を行うことのできる（あるいは，ある特定のことを信じることができる）という「**特定的な自由**」です。特定の時期や場所，状況において実行することができる自由という意味です（例えば，この場所では好きなところに駐車できる。この公園では，リードをつければ犬を芝生内に入れることができる）。

そして，そうした自由が自分にはあることを知っていること，その自由を行使する能力が自分にはあると認識していることが，前提とされています。したがって，リアクタンス理論では，**自由**とは「個人がある行動を行うことができるという信念」と定義されます。

その上で，その（特定的な）自由が脅かされそうになる，あるいは，排除されてしまうと，「今まで持っていた自由を回復しよう」と動機づけられると考えます。リアクタンス理論における二つ目の要素が自由への脅威です。**自由への脅威**となるものは，次の３つに分類されています。

(a)　命令，説得，不服従に対する罰の付与の警告などに見られるような**対人的影響**（他者からの働きかけ）

(b)　法律によってある行動が制限されること，物資の不足により欲しいものが手に入れられなくなること，旅行先が地震（自然災害）に見舞われてしまい，旅行に行けなくなってしまうことなどのような**非対人的な影響**

(c)　２つの魅力的な選択肢がある場合に，一方しか選ぶことができず，一方を選べば，他方を諦めざるを得ないような，自分

自身の行動によって生じる影響

対人的影響の場合は，非対人的影響よりも送り手の意図（あるいは，将来の自由行動に対する意図的な脅威）を感じられる分だけリアクタンスが生じやすいと考えられます。

●リアクタンスを高めるもの

ブレームらのリアクタンス理論で重要な2つの要因は，前述のように，自由の認知とその自由に対する脅威です。リアクタンスがどの程度強いかは，これら2つの要因の影響を受けます。

自由についてもう少し考えてみましょう。「自由である」という感覚を高めるものにはどのようなものがあるのでしょうか。自由の重要度と脅威を受けそうな自由の数（もしくは比率）です。自由が個人にとって重要であるほど，そして，脅威を受けそうな自由が多いほど，リアクタンスを認知しやすいということです。

(1)　自由の重要度　　まず，自由の重要度から見てみます。自由の重要度は，次の2つの要因から構成されていて，乗算（かけ算）で結びつけられています（ブレームとブレーム，1981）。

自由によって得られる独自の報酬価

×

その報酬を得たいと思う欲求度

ある行動を自由に行うことのできることが，その報酬を得るための唯一の方法であるほど，その報酬価（報酬の価値）は高まります。例えば，（これは，ブレームらが挙げている例ですが，）車種と年式，走行距離がほぼ同じ，でも色の異なる2台の中古車があったとします。さらに，自分の他にもう1人の客がいて，その客が自分の好きな白の車を選び，残りはそれほど好きでもない黒であったとします。もう1人の客が先に好きな色の車を選択することによって，自分のリアクタンスは高くなります。なぜなら，もう1人の客の選択によって，自分が白の車を選ぶという自由が制限されてしまうからです。

2台の車から好きな方を選ぶことのできるという状況は，独自の報酬価を自分にもたらしています。2台の車が色も同じ白であった場合は，独自の報酬価は低いことになります。

そして，その報酬を得たいと思う欲求の程度が強いほど（白い車を手に入れたいと思っているほど），自分にとって，（2台の車からどちらかを選ぶ）自由の重要度は高くなります。それに伴って，自由に選ぶことができなかった場合のリアクタンスは大きくなると考えられます。

独自の報酬価とその報酬への欲求度が乗算の関係で表現されているということは，どちらか一方がゼロになれば，全体がゼロになり，結局，自由の重要度はゼロになることを示しています。仮に両方の車の色が白であれば，独自の報酬価はゼロとなり，リアクタンスもゼロとなります。

また，自由の重要度は，あくまでも個人が認知したものであり，人によってその重要度は異なると言えます。先の中古車の例で言えば，車の色をあまり重視していない人にとっては，白でも黒でもよく，したがって，もう1人の客の選択によって，リアクタンスは生じにくくなります。したがって，受け手に説得する場合，送り手としては，受け手がどの程度，説得テーマについて自由であることを重視しているかを適切に判断することが必要となります。また，受け手がその自由を重視しているほど，送り手の説得方法いかんによっては，受け手のリアクタンスが生じやすいということです。

(2) 自由の数（比率） 次に，脅威を受けそうな自由の数（比率）について見てみましょう。一般的に，脅威を受けそうな自由の数が増えるほど，また，その比率が大きくなるほど，リアクタンスは大きくなります。

例えば，テレビ番組を探していたところ，(a) 同じ時間帯に好きなドラマと健康番組とが重なっていた場合と (b) ドラマ，健康番組，バラエティー番組の3つが重なっていた場合とを比べてみます。ただし，各番組はそれぞれに面白みがあり（独自の報酬価が高く），各番組に対する好みの程度はほぼ同じで（その報酬を得たいと思う欲求の程度は同じぐらいで），テレビ番組を録画して後で見るという可能性はなく，一時に1つの番組しか見ることができないとします。

(a) の場合は，見ることの自由の脅威を受ける番組は1つですが，(b) では2つとなり，(b) の方がリアクタンスは大きいと判断できます。この場合，番組の数としてではなく，比率として捉えても同じ結果を導くことができます。

● 3レベルの自由とリアクタンス

リアクタンスの前提となる自由には3レベルあることを指摘しているのが，心理的リアクタンスの研究者である今城（2005）です。今城は，CDOモデル（Context-Decision-Option，文化的文脈―個人的決定権の有無―行動選択肢の数）を提唱して，異なるレベルの自由が多く存在するほど，リアクタンスが生じやすいと指摘しています。

CDOモデルによれば，(a) 文化的に自由に行動できることが重視され，(b) 問題となっている行動について自分で決定を下すことができ，また，(c) 送り手から勧められた行動の他にも，別の行動選択肢があるほど，自由の程度が高く，その自由が制限されるほど，リアクタンスを感じやすくなるというものです。

まず，最初の文化レベルは，自由をどの程度重んじる文化であるかということです。もともと自由であることを重んじている文化ほどリアクタンスは生じやすくなると考えられます。しかし，それほど自由を重んじていない文化であっても，次の2つのレベルの自由に脅威を受けると，やはりリアクタンスは生じやすくなります。

第二のレベルは，問題となっている行動について，自分にそれを行う決定権があるかどうかです。決定権がある，もしくは決定権があると思っているほど，その行動について他者からとやかく言われると，自分の自由を侵されたと感じ，リアクタンスが生じやすくなります。

第三のレベルは，問題となっている行動について，複数の選択肢が考えられるかどうかです。選択肢の数が多いほど，自由であると認知され，そのうちの1つの選択肢を選ぶように制限されるとリアクタンスが生じやすくなります。逆に，行動決定権があったとしても，選択肢が１つの場合は，それ以外に選びようもなく，リアクタンスも生じにくくなります。

例えば，小学生の頃，親から宿題をするように言われるとリアクタンスを感じ，わざと宿題をやろうとしなかった経験があるかもしれません。そうした経験がなくても，そのような状況を想像するのはむずかしくないと思います。この場合，宿題をいつやるかの決定権は子どもにもあり，また，宿題をやる時間の選択肢は多くあるため，親から宿題についてとやかく言われるとリアクタンスを感じやすいのです。

動物へのエサやりの場合も同じです。条例で野良猫や鳩などへのエサやりを禁止して，住民へのエサやりに関する決定権を剥奪してしまえば，第二レベルの自由が存在しなくなり，その結果，リアクタンスは生じにくくなります。

●自由への脅威をもたらすもの

自由への脅威というのは，個人が特定の行動をとったり，特定の選択肢群の中から１つを選んだりする自由に対して，外部から制限が加えられ，その個人が自由に行動したり，選択したりできなくなると予期することです。この場合，どのような制限が脅威をもたらすことになるのでしょうか。ここで問題とするのは，脅威の大きさと数です。

脅威の大きさについては，少々，むずかしいところがあります。リアクタンスを引き起こすのに最適な強さの脅威があるということです。最適な強さで自由が脅威を受けると，リアクタンスが生じやすくなり，受け手は送り手からの働きかけに従わず，場合によっては**ブーメラン効果**（送り手が唱導する方向とは逆の反応をする）が生じる場合もあります。例えば，タバコを吸っている家族に禁煙するように少々強い口調で言うと，その家族が反発し，今まで以上にタバコを吸うようになるという場合です。

脅威が小さすぎる場合は，受け手は，自分の自由が脅威を受けているとは感じず，リアクタンスは生じません。逆に，脅威が強すぎると（極端な例になりますが，送り手の言う通りにしないと，受け手の生命が脅かされるという場合），リアクタンスが生じるまでもなく，送り手の言う通りに行動すると考えられます。

ただし，これらの関係は，脅威を受ける**自由の重要度**によっても変わってきます。上記の関係性が認められるのは，言わば，自由の重要度が中程度の場合です。自由の重要度が低い場合は，いくら脅威を受けてもリアクタンスはあまり生じません。逆に，自由の重要度が高い場合，受け手は何とかしてその自由を確保したいと思っているわけですから，脅威が大きくなるほどリアクタンスが増加し，脅威に反発する行動がとられやすくなります（ブレームとブレーム，1981）。

脅威の数についてはどうでしょうか。一般的には，脅威の数が多くなるほど，リアクタンスは大きくなると考えられます。先の禁煙の例で言えば，1人の家族から禁煙するよう言われるよりも，複数の家族から言われた方が喫煙する自由への脅威が大きくなり，それに伴い反発も大きくなり，禁煙しようとしなくなると考えられます。

●リアクタンス生起後の反応

リアクタンスが生じた受け手はどのような反応をすると考えられるでしょうか。少なくとも5つの反応が考えられます。すなわち，(a) 自由の直接的な確保，(b) 間接的な確保，(c) 主観的評価の変容，(d) 脅威の無視，(e) 他の自由の確保です。

自由に対して送り手から脅威を受け，リアクタンスが生じた受け手は，自分の自由を確保するために，送り手の望む行動はとらずに，自分の望む行動を直接的にとろうとします。喫煙している家族が，他の家族から禁煙するように言われても，今までと同様に喫煙し続けるという場合です。それに対して，間接的に自由を確保しようとすることもできます。脅威を与えられた自由ではなく，関連する別の自由を行使するという場合で，禁煙はするけれども，その分，飲酒量を増やすということです。

また，リアクタンスが生じると，脅威を受けた自由に関連する行動に対する魅力度が高まったり，自由に脅威を与えてきた送り手に対して敵意を感じたりするという主観的な評価の変容も指摘されています。送り手に対する敵意は，送り手が脅威をもたらす正当な理由の有無や脅威を受けた自由の種類，送り手の意図などによって影響を受けることが考えられます。

あるいは，リアクタンスを生じさせる脅威を無視して，自由を依然として保持していると認知したり，将来的な自由を確保したりすることが考えられます。

●リアクタンスとは何？

自由に行動できることを制限するような脅威を与えると，受け手にリアクタンスが生じると述べてきました。ブレーム（1966）は，**リアクタンス**を「脅威を受けたり，排除されたりした自由を回復しようとする動機的状態」と定義しています。自由を制限されリアクタンスを感じることは，私たちも感覚的にはわかります。でもそのリアクタンスとは何なのでしょうか。リアクタンスはどのような要因から構成されていると考えられるのでしょうか。

ディラードとシェン（2005）は，リアクタンスが認知と感情から構成されるものであると指摘し，実験を行っています。その指摘を受けて，レインズ（2013）は，自由への脅威と説得（態度変容）に関連する20の研究をメタ分析し，自由への脅威，リアクタンス，受け手の感情と認知，受け手の態度変容が相互にどのように関連しているかを明らかにしました。

彼によると，図10のように示すことができます。すなわち，送り手が受け手に対して特定の意見を持つように**説得**すると，受け手は自分の意見や考えを自由に持つことに対して**脅威**を受けたと捉え，**リアクタンス**（反発）が生じます。そのリアクタンスが受け手の態度に影響を与えます。リアクタンスが生じていますので，説得メッセージが唱導する方向での態度変容は生じません。

リアクタンスが生じることによって，さらに受け手には**怒り**という感情と説得メッセージに対する**反論**という認知の生じることが見出されました。受け手の考えや行動を制限してくる送り手に対する怒りが生じ，提示される説得メッセージに対する反論が受け手の頭

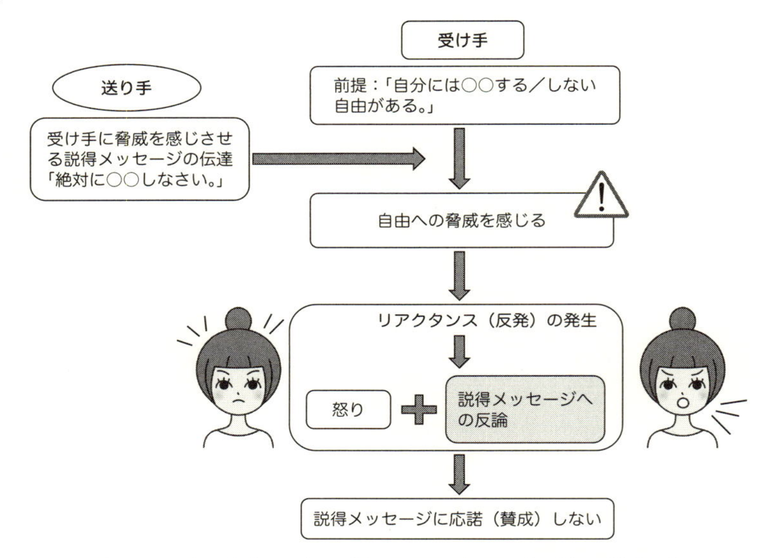

図 10　レインズ（2013）の考えるリアクタンス（反発）の構成要素

の中に浮かんでくるということです。両者が合わさってリアクタンスとなり，説得メッセージへの反対へとつながっていると考えられます。これは，ディラードとシェン（2005）が提唱した情動と認知の統合モデル（intertwined model）が妥当であることを示しています。

●説得時にリアクタンスを引き起こすもの

受け手の（特定の行動に関する）自由への脅威がリアクタンスを引き起こすわけですが，具体的には，どのような送り手の行動が受け手のリアクタンスを大きくしてしまうのでしょうか。送り手にとって，リアクタンスは生じて欲しくないものですから，その原因を知っておくことは重要でしょう。

クイックら（2013）は，近年のリアクタンス研究を総覧し，リアクタンスを高める要因を四つあげています。(a）高圧的な言葉遣い，(b）説得意図の明示，(c）受け手への要求量，そして，(d）受け手のリアクタンス傾向です。

一つ目は，**高圧的な言葉遣い**です。受け手に対して高圧的な物言いをすれば，受け手はカチンときてリアクタンスが高まります。例えば，「すぐに禁煙しなさい！」とか「分別のある人間なら，運動しないことがいかに身体によくないかすぐにわかりますよね」とかいうような，有無を言わさない言い方です。こうした言い方が，飲酒，喫煙，薬物使用，運動，日焼けなど健康に関連する説得メッセージにおいて，効果的でなかった（受け手の賛同を得ることができなかった）ことが明らかにされています。

二つ目は，送り手の**説得意図**の明示です。説得研究では，説得の**予期警告**（forewarning）として研究されてきました（ウッドとクィン，2003）。送り手が受け手を説得しようとしている意図を受け手が認知するほど，受け手はリアクタンスを感じ，説得効果が低くなります。送り手の説得意図が認識されやすいほど，受け手の方は送り手が自分を説得しようとしていると身構え，リアクタンスが生じやすくなると考えられます。この説得意図を受け手に感じさせない一つの方法が，前述の**漏れ聞き効果**です（ウォルスターとフェスティンガー，1962）。

三つ目は，受け手に対する**要求量**です。受け手側から見れば，応諾することのコストです（レインズとターナー，2007）。送り手の考えに賛成することによって，受け手の失うものが増えれば，それだけリアクタンスが生じ，反対しやすくなるということです。

受け手が説得メッセージに賛成するか反対するかを判断する際の一つの基準は，どの選択肢が自分にとって報酬をもたらし，コスト（損害）を回避させるかです。その意味で，コストが多くなるほど，受け手にとっては望ましくない状態となり，リアクタンスが生じ，反対したくなります。

四つ目は，受け手の**リアクタンス生起傾向**（reactance proneness），言い換えれば，リアクタンスの生じやすさです。送り手からの説得メッセージを受け取って，リアクタンスが生じやすい人とそうでない人がいる，個人差があるということです。リアクタンス生起傾向は，ホンとフェッダ（1996）が開発した心理的リアクタンス尺度で測定することができます（日本語の尺度については，高本ら（2005）が検討しています）。なお，リアクタンス生起傾向の高い人は，危険を伴う（リスキーな）健康関連行動（喫煙や薬物使用など）をとりやすい傾向があることも見出されています（ミラーとクイック，2010）。

四つ目の要因は個人差ですので，送り手として対処しにくいでしょうが，最初の三要因に基づけば，(a) 高圧的な言葉遣いにしないこと，(b) 説得の意図を明示しすぎないこと，(c) 受け手が被るコストをできるだけ少なくすることがリアクタンスを低減させることにつながると言えます。

●説得時のリアクタンスを抑制するためには

リアクタンスの抑制方法について別の観点から検討しているのも

クイックら（2013）です。彼らは，（a）受け手の自由の強調，（b）受け手の共感喚起，（c）感動的な説得メッセージという三要因を挙げています。

一つ目は，説得メッセージの後に，受け手に選択権がある，受け手が**自由に判断できる**と強調することです。「〜いずれにしても，どう判断するかはあなたの自由です」という言葉を説得メッセージの後に付け加えることです（ミラーら，2007）。送り手の考え，意見は既にこの言葉の前に受け手に伝えてありますので，送り手がどのようなことを望んでいるかは，受け手は理解しています。でも，送り手の考えの通りにすべきであると受け手を制限し，リアクタンスを引き起こすのではなく，受け手が自分で自由に判断できると示すということです。受け手が受け手自身の考えの通りに行動する可能性もあるわけですが，ミラーら（2007）の研究では，その説得効果が認められています。

この方法は，フランスの社会心理学者ゲガーンとパスキュアル（2000）が（直訳すれば）**「でもあなたの自由ですよ」法**（“But you are free” technique）と呼んでいるものです。ゲガーンら（2013）は，説得場面ではありませんが，フランスの海岸や街中で人々にバス代の小銭をもらおうとしたり，質問紙への回答を依頼したりする場面を作りました。そして，依頼メッセージの前後に「いや，応じても応じなくてもあなたの自由です」とか「いや，そうする義務はありませんが…」という言葉をつけた方が，依頼に応諾する人の比率が（そうした言葉をつけないで単にお願いした）統制群に比べて1.5〜2.0倍ぐらい多いことを明らかにしました。

こうしたことが説得場面でも当てはまると考えられます。送り手は，説得メッセージを通じて受け手に行って欲しい行動を示しているわけですが，それでも，「どうするかは，あなたの自由ですよ」と一言付け加えることが（ゲガーンらの実験では，1回より2回付け加えた方が効果的であることが見出されました），受け手のリアクタンスを低減させ（ゲガーンらの諸実験では，リアクタンスについては測定されていませんでしたが），説得効果を高める可能性が高くなると考えられます。

二つ目は，**受け手が説得メッセージに対して共感**を示すように仕向けることです。先に書きましたように，リアクタンスは，怒りの感情と説得メッセージへの反論との合成と考えられますから，それらが生じないよう，受け手が説得メッセージに共感してくれるようにすることです。なお，**共感性**とは，「他者の感情状態を認知し，それと同じ感情を体験できる能力」のことです（菅原，2014，心理学辞典）。

シェン（2010）は，説得メッセージにおいて受け手に共感を呼び起こす方法として3つ挙げています。視点取得，情動的共感，そして，同一視です。**視点取得**（perspective taking）とは，受け手が送り手や説得メッセージの立場（視点）に立って，当該の問題を考えてもらうように仕向けることです。例えば，受け手の社会的迷惑行為（例：駅前の違法駐輪）を改めてもらうように説得する場合，何らかの被害を被っている送り手（例えば，歩行者）の立場からその問題を見直してみるよう促すことです。そのことにより反論が生じにくくなると考えられます。

二つ目の**情動的共感**は，説得メッセージで示されている喜びや困惑，不安などを追体験するように仕向け，送り手と同じ感情を持つようにすることによって，怒りの感情が生じないようにします。情動感染とも呼ばれている側面です。

最後に，同一視（identification）とは，説得メッセージの中で紹介されている登場人物が体験していることを受け手が代理経験しているような形で説得メッセージを提示することです。受け手の共感を引き起こすような，こうした方法は第 6 章で紹介するストーリー説得にも通じる方法と言えます。

リアクタンスを抑制する三つ目は，感動的な説得メッセージです。説得メッセージがドラマティックで，興奮を呼び起こし，新奇（新鮮）であればあるほど，受け手の感動を引き起こすことが指摘されています（モーガンら，2003）。この点は，説得メッセージのストーリー化と表現し直すことができます。実際，説得メッセージをストーリー化すると受け手の反論が生じにくくなることが見出されています。（モイヤー-ギュセとナビ，2010）。

上記の三要因の他にも，例えば，送り手が受け手との類似性（名前，出身地，価値観など）を示すと，脅威的な働きかけの有無に関わらず，受け手が送り手に賛同していたことが見出されています（シルヴィア，2005）。送り手が受け手との類似性を指摘し，自分たちが同じ仲間であることを強調することが，受け手の賛同へつながる可能性があるということです。

本章では，説得メッセージを提示された受け手に生じやすいリアクタンス（反発）に焦点を当ててきました。なるべくリアクタンスが生じないようにする必要のあること，および，その方法について見てきました。

受け手にリアクタンスを生じさせない最も簡単な方法は，受け手の自由を脅かすことのないよう，説得メッセージを提示しないことです。リアクタンスを生じさせないからと言って，説得メッセージを受け手に伝えなければ，説得は不可能です。でも，説得メッセージを伝える前に，送り手の考えを伝える方法があります。それを次章で見ておきたいと思います。

第5章
説得前の I（アイ）メッセージ
――説得しないで済ませる方法

受け手の自由意思を尊重するいちばんの方法は，送り手の考えを押しつけないことです。（そうすれば，前章で見てきたリアクタンスは生じにくくなります。）もっと言えば，送り手の考えを受け手に伝えないことです。「それでは，説得にならないではないか」という声が聞こえそうですが，受け手を説得しないで済むならば，それに越したことはない，という考え方もできるということです。

そのようなことが可能なのでしょうか。その答えは，ロジャーズ(2005) が提唱したクライエント（来談者）中心療法に基づいた I（アイ）メッセージにあります。それが第四の鍵です。まず，クライエント中心療法について簡単に見ておきましょう。

●クライエント中心療法

臨床心理学は，精神的な問題や病気を抱えたクライエント（患者）の診断，カウンセリングを通じた治療を行う学問です。その際に用いられる心理療法としていくつかが提唱されており，古くは，フロイトの精神分析やユングの分析心理学，最近では，認知行動療法，その発展形であるマインドフルネス認知行動療法などがあります。そうした心理療法の一つとしてクライエント中心療法があります。

カール・ロジャーズ（1902-1987）のクライエント中心療法のポイントは，クライエント自身が抱えている問題（例えば，大きい事件や事故の後に，不眠やフラッシュバックのような心的外傷後ストレス障害（PTSD）の症状に悩んでいる場合）をカウンセラーが自分自身の問題であるかのように理解，共感し，そのことをクライエントに適切な言葉で伝えていくことです。クライエントの方は，自分の抱えている問題をカウンセラーがちゃんと受け止め，共感してくれていることを知り，安心感を覚え，自分でその問題を解決していこうという気持ちが少しずつ芽生えてきます。

カウンセリングにおいて，カウンセラーは，クライエントに対して無条件の肯定的な関心を持ち，クライエントを受容し，クライエントに共感し，クライエントの現実自己と理想自己が一致するように導いていきます。その際，クライエントとラポール（厚い信頼関係）を築いていくことを重視しています（ロジャーズ，2005）。

カウンセラーはクライエントの抱えている問題に対して，こうすべき，こうした方がよいという指示を与えるのではなく，クライエントが自分自身で問題を解決できるように支援していくということです。私たちは心理的苦境に陥っても，自分のその苦境を相手（カウンセラー）が心底理解し，共感してくれていることを知ると，心理的に安心し，「それでは，自分はこれからどうしようか」というように，自分で問題を前向きに解決しようという気になりやすいということです。クライエント中心療法という名前には，カウンセリングにおいて，カウンセラーがクライエントに指示を出すのではなく，クライエント自身が中心となって問題を解決できるような環境を調(ととの)えてあげるという意味が表現されています。

●トマス・ゴードンによる日常生活へのアレンジ

このクライエント中心療法を開発したロジャーズの仲間の一人にトマス・ゴードン（1918-2002）がいました。ゴードンは，クライエント中心療法を用いたクライエントへの対話方法を，カウンセリング場面だけで使うのではなく，日常の場面でも使えるようにすることが有用であろうと考えました。カウンセリング場面では，充分，訓練を積んだカウンセラーがどのような言葉をどのようなタイミングでクライエントに伝えれば，クライエントに望ましい心理的変化が生じるかをよく考えながら，見極めながら対応しています。そこには，プロとしての対応が求められます。でも，その対応の仕方には，ふだんの人間関係にも活用できる部分があり，そのことにより円滑な人間関係を築くことが可能になるとゴードンは考えたようです。

ゴードンが対象にしている人間関係は，親子関係（ゴードン，1998），教師―生徒関係（ゴードン，1985a），上司―部下関係（ゴードン，1985b），看護師―患者関係など多様です。そして，いずれの人間関係においても共通して用いることのできる対人関係スキルとして3つ挙げられています。すなわち，I(アイ)（私）メッセージ（I message），傾聴（active listening），そして，Win-Win法です。ここでは，このうちのIメッセージに注目します。

このIメッセージを用いることのできる状況というのは，第1章で紹介した説得状況のうち，現状の変更―迷惑行為の停止・規則遵守に相当する部分と言えるでしょう。ある人の行動から自分が迷惑を被っていると感じている場合です。例えば，隣人の夜の楽器練習が耳につく，野良猫へのエサやりによって猫が近隣に寄りつき，その糞尿に困っている，捨てられたゴミが決められたように分別されていないなどです。こうした際に，まずはIメッセージを試してみることができるでしょう。また，規則（ルール）を守っていない場合や私的な約束を守っていない場合にも適用できます。

●I（アイ）メッセージ

このような社会的迷惑行為を行っている相手（受け手）に対して，私たちが送り手として伝えてしまいやすいメッセージは，Youメッセージです。受け手（あなた）を主語としたメッセージです。

「（あなたが）夜の楽器の練習をやめてくれませんか（やめるべきです）。」
「（あなたが）猫にエサをやるのをやめてくれませんか（やめるべきです）。」

こう言われた受け手は，普通どう思うでしょうか。第4章で見てきた心理的リアクタンスが生じやすくなると考えられます。たとえ「多少，悪いな」と思いながらやっていたとしても，こう言われると反発したくなり，そうそう簡単に「わかりました」とは言いにくくなると推測できます。

そこで，Iメッセージの登場ということになります。You（受け手）を主語にするのではなく，I（送り手）を主語にするということです。送り手を主語にするとはどういうことでしょうか。送り手自身を主語にして，送り手が現状をどのように感じているのかを受け手に伝えるということです。先ほどの You メッセージの代わりに次のような言葉を受け手に伝えるということです。

「こんにちは。最近，○○（楽器名）の演奏をされていますね。素人の私が言うのも何ですが，だんだんお上手になってきていますね。
ただ，夜 10 時頃にも練習されていますよね。一所懸命練習されているとは思うのですが，私の方も集中して文書を作る作業をしているので，楽器の練習音が聞こえてくると，気が散って，ミスしてしまうのではないかと心配なのです。先日は実際にミスをして上司に怒られてしまい，困っています。」

先ほどよりもだいぶいろいろな情報が付け加えられていますが，ここでのポイントは，最後の 2 つの文章です。いずれも「(私は) 心配なのです」，「(私は) 困っています」というように，「私」が主語になった，I メッセージになっています。I メッセージとは，このように送り手自身を主語にして，送り手がその状況をどのように感じているかを述べた文章のことです。

● I メッセージの作り方

ゴードンによれば，送り手が置かれている状況を受け手に理解してもらうには，3 つの要素から文章を作ることが重要だということです（図 11)。

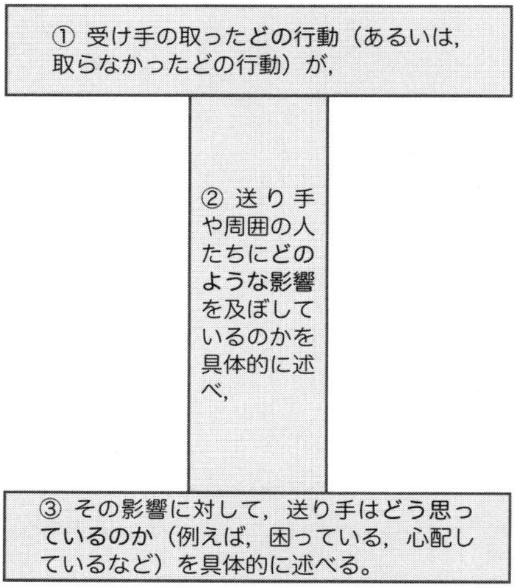

① 受け手の取ったどの行動（あるいは，取らなかったどの行動）が，

② 送り手や周囲の人たちにどのような影響を及ぼしているのかを具体的に述べ，

③ その影響に対して，送り手はどう思っているのか（例えば，困っている，心配しているなど）を具体的に述べる。

図11　Iメッセージの作り方

(a)　受け手のどの行動が問題を引き起こしているかを明確に指摘すること

(b)　受け手の行動によってどのような影響が送り手や周囲に生じているのかを具体的に述べること

(c)　そのことに対して送り手がどのように感じているかを具体的に述べること

先の例で言えば，

「(a) あなたが夜に行っている楽器練習が，(b) 私の仕事の集中力を低下させ，文書にミスを作ってしまう可能性が高くなり，(c) そのことで困っています。」

となります。つまり，送り手が困っている状況の「原因となる行動」は何で，そのことによってどのような「影響（結果）」が生じ，その影響に対して送り手がどのような「感情」を持っているかを伝えるということです。

でも，この後，どうするのかという疑問が読者の皆さんの頭には生じているかもしれません。送り手が行うことは，ひとまずこれで終わりです。この後どうするかは，受け手に任せるのです。この点が，クライエント中心療法に基づいた対人関係スキルのポイントになります。

つまり，受け手には「〜してください」という指示や要求を与えないのです。どうするかは受け手に任せてしまうのです。通常の分別をわきまえた人であれば，例えば，

「それは，申し訳ありませんでした。そのようなご迷惑をかけているとは思いませんでした。これからは，夜の練習はやめ，楽器の練習はカラオケボックスに行って行うことにします。」

というような答えが返ってくるでしょう。送り手としては，一言も「(あなたは) 夜の楽器練習をやめるべきです」とか「(あなたは) 楽器練習をカラオケボックスで行うべきです」と言っていません。送り手であるあなたに迷惑をかけたことの解決方法は，受け手自身が考え出したものです。ここにＩメッセージのポイントがあります。

●Ｉメッセージはなぜ効果的なのか

送り手の言葉の使い方にもよりますが，Ｉメッセージを使うことによって，受け手は自分が非難されているとは受け取りにくくなっています。また，受け手の行動がどのような影響をもたらしているのか，自覚できるようになります。もしかすると，今まで，そうした迷惑を周囲に与えていたことに気づいていなかったのかもしれません。

そして，送り手が指示した解決策ではなく，受け手自身が考え出したものなので，受け手に心理的リアクタンスは生じません。反発のしようがありません。そのため，その解決策が実行される確率はかなり高くなると言えます。

さらに，送り手に対してどう行動するか解決策を宣言していますので，宣言通りの行動がとられやすくなるという側面もあります。他者に対してこれからの行動を宣言することは，コミットメントとなります。**コミットメント**とは，「あることに関わりを持つ」ということです。そして，通常はその関わりに沿った行動がとられやすくなります（チャルディーニ，2014）。

●Ｉメッセージが効果を持つための条件

でも，どのような場合でもこの方法が有効であると言えるのでしょうか。送り手側，受け手側の双方に，この方法が効果を持つために必要な条件があります。

まず，送り手側の条件ですが，心理的余裕，もしくは時間的余裕が必要となります。受け手から何らかの影響を受け，困った状況になると，多くの場合，頭に血が上り，「すぐに文句を言ってやる」と意気込んで，受け手のところに走って行くかもしれません。これでは，Iメッセージを使う余裕はできないでしょう。

まず，一呼吸置いて，今，自分はどのような感情状態にあるのか，それは受け手のどのような行動がもたらしているのか，受け手のその行動によってどのような影響を受けているのかを冷静に見つめ直す必要があります。そして，さらに一呼吸置いて，上記に示したIメッセージの作り方に合うように，メッセージを作ってみることが大事です。

こうして一旦落ち着くと，受け手に話す場合も，興奮した状態でまくし立てることはなくなり，物静かに話すことが可能となるでしょう。送り手が物静かに話し出せば，受け手も冷静に応対してくれる可能性が高まります。逆に，送り手が興奮した物言いでは，受け手もすぐに興奮状態になりやすく，お互いに興奮して，まとまるものもまとまらなくなる可能性が高くなります。

次に，受け手に求められる条件ですが，Iメッセージが前提としているのは，受け手が常識人であること，他者を思いやる気持ちを持っていることです。性善説に立っていると言えます。送り手が「困っている」，「心配している」と言ってきているのに，受け手が全く送り手の意を介さない，何とも思わないということであれば，上記に示したようなIメッセージの効果は望むべくもありません。受け手によっては，送り手のメッセージを受け流すだけでなく，さらには，攻撃的な言動に出るかもしれません。そのような受け手に対して，Iメッセージは無力です。

送り手としては，まずIメッセージでこちらの気持ちを受け手に伝え，受け手がそれに真摯（しんし）に対応してくれれば，それでことが解決するかもしれません。そうでない場合は，また新たな手を考える必要があるということです。

●Iメッセージが通用しなかった場合

残念ながら上記で述べたような条件が調わず，Iメッセージによってうまく状況を好転させることができなかった場合は，どうすればよいのでしょうか。送り手が「困っている」と言っても，受け手が「そうですか」と返すだけで，何の対応も取ってくれない場合，あるいは，受け手が提案してきた対応策が送り手には不十分な場合は，どうすればよいのでしょうか。

そのような場合に初めて受け手を説得すること，もしくは，受け手と交渉することを考えることになるでしょう。受け手の自由意思を尊重しながら，送り手側の望む状況を理由と共に受け手に伝えるということです。

それでは，説得をすることに決めた場合，どのように説得メッセージを作ればよいのか，どのような点に気を付ける必要があるのかを次章で見ていくことにしましょう。

第６章
説得メッセージ（論拠とストーリー）
――どのように組み立てるか

受け手を説得すると言っても，どのように説得メッセージを作ればよいのでしょうか。場当たり的に自分の頭に浮かんだ情報をそのまま受け手に伝えればよいのでしょうか。説得を成功させるには，受け手に提示するための説得メッセージをあらかじめ作っておく必要があるでしょう。それが第五の鍵です。

また，「はじめに」も書きましたように，寓話「北風と太陽」の「太陽」的に受け手を説得することを頭に入れておく必要があるでしょう。威圧的，高圧的に受け手を説得して，いたずらに受け手のリアクタンスを生じさせてしまうのではなく，なるべくそれを引き起こさないように働きかけていくということです。

本章では，まず，1950年代から研究されている，言わば「論理的な説得」に関する知見をまとめていきたいと思います。そこでは次のような要因について研究されてきました。すなわち，説得目標の明示，一面提示と両面提示，証拠（データ）の有無，情報の提示順序，利得フレーミングと損失フレーミング，恐怖アピール，ユーモアというような要因です。その後，近年，社会心理学の説得研究で注目されている「ストーリー説得」について見ていきたいと思います。

●説得の目標の確認

受け手を説得するにあたり，まず，**説得の目標を決めておく**必要があります。例えば，受け手に禁煙を求める場合，単に喫煙量を減らしてもらえればよいのか，それとも自宅内では禁煙して欲しいのか，あるいは，全面的に禁煙して欲しいのかをあらかじめ確認しておくということです。その上で，受け手がこの問題（説得テーマ）についてどのような考えを持っていそうか（送り手の考えに比較的賛成なのか，それとも，結構反対の考えを持っていて，その考えを変えそうにないのかなど）についてもおさえておく必要があります。

送り手の望む目標と受け手の考えとが比較的近ければ，それほど受け手のリアクタンス（反発）は大きくなく，送り手の考えに賛同してもらえる可能性も高くなりますが，両者のズレが大きければ，それなりの工夫をしないと受け手の賛同を得ることはむずかしいでしょう。

また，受け手がなかなか送り手の考えに賛同してくれないときは，両者が納得する解決策へ向けて，お互いが歩み寄っていくことが可能な場合もあります。それについては，第８章で検討していきたいと思います。

本章では，まず，送り手に働きかける場合にどのような点に注目して説得メッセージを作っていったらよいかについて考えていきたいと思います。

●論理的メッセージの説得効果を高める要因

ある説得テーマについて受け手を説得するにあたり，まず，受け手に納得してもらうための理由を用意しておく必要があります。序章で紹介した論拠です。

例えば，運動不足の人に１週間に３回のウォーキングを勧めるとしましょう。あなたなら，その人を説得するために，どのような理由を思いつくでしょうか。少し考えてみましょう。

- 必要な道具は，強（し）いてあげれば，ウォーキング・シューズ，天候に合った服装ぐらいであり，特別の装備や道具は要らない。
- 雨，雪の日のウォーキングを控えるとすれば，多少，天候に左右される。
- 真夏日や真冬日のウォーキングは，身体的につらい。
- 自分の好きなペース，好きなコースを選ぶことができる。
- 決まったコースを設定することもできるし，その日の気分によって異なるコースを選ぶこともできる。
- 自分に合った時間だけ歩くことができる（身体にかける負荷を自由に調節できる）。
- 好きな時間帯に歩くことができる。
- 四季の変化，身体に当たる風，空気の暖かさや冷たさ，地面との接触感覚，花々や樹木の緑や落ち葉，鳥や犬の鳴き声・人の話し声・飛行機音などの音，空の青さや雲の変化，花の香り（ジンチョウゲ，ウメ，キンモクセイなど），地域の変化（新築や解体，新しい道路）などを感じながら歩くことができる。
- 歩きながら考えることができる。

- 1人でも歩けるし，他の人と一緒に歩くこともできる。
- 居住地域によっては，車の排気ガス，交通量など，ウォーキングにあまり適していない場合がある。
- ウォーキング・スタイル（腕の振り方，姿勢，歩幅，リズムなど）に配慮すれば，効率的な健康維持が期待できる。
- ウォーキングを続けるための意思，動機づけを高めることが大変である。
- 雨や雪によりウォーキングを休んだ後，ウォーキングを再開する際に努力が必要である。
- ウォーキングは有酸素運動であるため，心臓や肺の機能を高め，血液中の善玉コレステロールを増やし，中性脂肪を減らす効果がある（日本ケミファのサイトより）。

こうしていろいろと考え出してみると，説得メッセージに含めることのできる情報を2つの次元に基づいて4種類に分けることができそうです（図12）。一つの次元は，論拠の方向性です。説得内容（上記の例では，ウォーキングの勧め）を推奨するための理由（ポジティブな論拠）なのか，それともそれに対する反論（ネガティブな論拠）なのかということです。

もう一つの次元は，各論拠の強度です。ポジティブな論拠でも強力な（説得力のある）理由もあれば（strong argument），それほどでもないものもあります（weak argument）。論拠の強さがどのくらいかを客観的に測定する方法は確立されていませんが，自分が受け手になった場合のことを想像してみると，どの程度強力かを推測することはできるでしょう。

自分の考えた論拠を，この枠組みの中に配置してみると，どの論

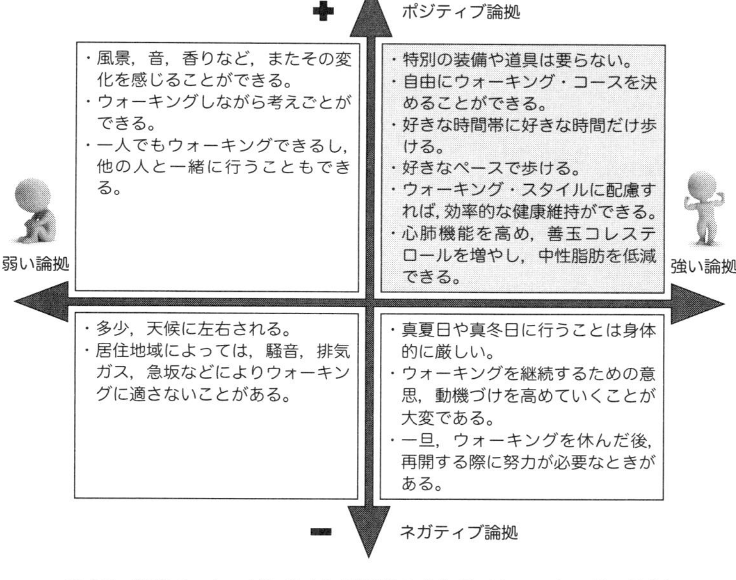

図12　説得メッセージに含まれる論拠の２次元（ウォーキングの場合）

拠を用いればよいかが見えてくると思います。基本，弱い論拠よりは強い論拠を用います。また，ポジティブ論拠とネガティブ論拠については，後述するように，双方を用いた方が説得効果が高まる場合が多いと考えられますので，両方を用意しておきます。次は，それらをどのように組み合わせて，どのような順序で提示するかということになりますが，それは，以下の要因を見ながら考えていくことにしましょう。

●説得メッセージを作る際に関連する要因

説得メッセージには，上記の論拠を含めることも重要ですが，それ以外の要因についても考えておく必要があります。今まで社会心理学の説得研究で検討されてきた要因で（深田，2002a；ガスとセイタ，2011；シェンとビグスビー，2013），説得メッセージを考える際に重要なものは，本章の冒頭に挙げた7つです。それぞれについて簡単に見ていくことにしましょう（図13）。

(a)　説得目標の明示　説得目標とは，説得メッセージにおいて送り手が受け手に最終的に伝えたいことです。例えば，先のウォーキングの例であれば，「（単に）ウォーキングを始めて欲しい」とか「週に3回以上，1回当たり20分以上のウォーキングをこれから始めて欲しい」というようなことです。

それを受け手に伝えなければ，そもそも説得は不可能であると考えられそうですが，そのように直接的に説得目標を伝えなくても，間接的に伝えることも可能です。例えば，「最近，運動不足のようだけど…。」とか「お隣のご主人，ウォーキングを始めたみたいね」というようなメッセージです。

第4章で見た心理的リアクタンスという点から見れば，間接的メッセージの方が，受け手にとって，自分の自由が制限されたように感じないので，リアクタンスは生じにくいと考えられます。しかし，送り手の説得目標がきちんと受け手に伝わる可能性は低くなります。間接的に伝えて，受け手がウォーキングを始める可能性は高くなるのでしょうか。どちらの方が説得効果は高いと言えるので

論理的説得メッセージ

（説得を支持するような，ポジティブな強い論拠（理由）を用意）

説得効果 ≑

ストーリー（物語）・メッセージ

（事実に基づいた複数のエピソード，事例を用意）

説得効果に影響を与える要因

a. 説得目標の明示 △

b. 論拠（理由）の提示順序 △

c. フレーミング（枠組み）×

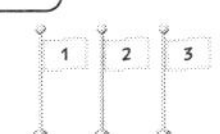

・「主張＋反論＋反駁」のパターン△
・「短所＋長所＋短所」のパターン×

d. 恐怖の喚起 ○

利得，損失

e. ユーモアの利用 △

（健康関連のテーマ）

〈説得効果〉
○：あり，△：ややあり，×：なし

ストーリーの作成方法

1. 説得テーマと主張点を決める。
2. 登場人物（主人公）を決める。
3. ストーリーのパターンを考える。代理体験型，対比型，感動型など
4. エピソード（出来事）を集める。
5. プロット（場所，時間，エピソードの順番）と結末を考える。
6. 必要に応じて視覚情報（実物，写真，イラスト，説明図など）を用意する。

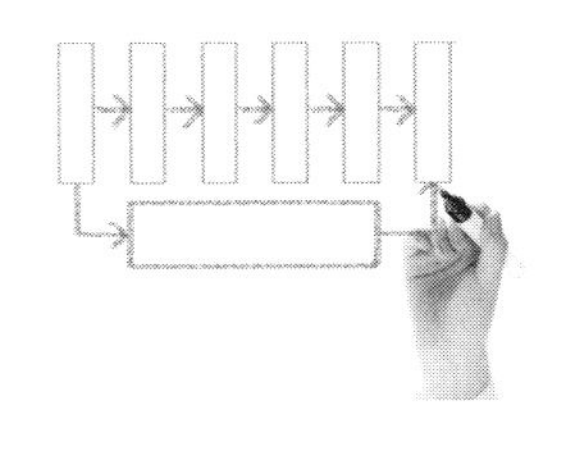

図13　論理的説得メッセージとストーリー・メッセージ

しょうか。

オキーフ（1997）は，14の研究結果をメタ分析して，説得目標を明示することの説得効果が $r=.12$ であることを見出しました。この効果量は，コーエン（1988）の判断基準に従えば，小さい効果ということになります。効果がないとは言えないけれども，その効果は小さいということです。したがって，説得目標（結論）を明示した方が，やや説得効果が高くなる傾向があると言ったところでしょう。

(b)　一面提示と両面提示　多くの場合，ものごとには長所と短所があります。先ほどのウォーキングの例でもそうでした。説得メッセージを作るにあたり，長所（ポジティブ論拠）だけを受け手に伝えた方がよいのでしょうか。それとも，短所（ネガティブ論拠）についても述べた方がよいのでしょうか。

短所も述べると，伝えようとする欠点も受け手にすぐにわかってしまうことになりますので，それだけ受け手が応じてくれる可能性が低くなるように考えられます。でも，短所までも伝える正直な送り手であるというように，送り手に対する評価は上がるかもしれません。そして，評価の高い送り手からの説得には応じようと考えるかもしれません。

説得テーマに関する長所のみを伝えるメッセージを**一面提示**，そして，長所だけでなく短所も含めたメッセージを**両面提示**と呼びます。この点については，さらにもう一つのパターンがあります。それは，**両面提示＋反駁**（はんばく）（refutation）です。両面提示した上で，短所に対する反論を付け加える（反駁する）のです。短所はあるけれども，それは大した問題ではない，あるいは，その短所はこのように解決することができるというように，短所に対する反論も付け加えるのです。要は，送り手の考えに受け手が賛同してくれるよう促すために，短所に対する反論を受け手が考えなくてもよいように，あらかじめ送り手の方でその反論を用意しておくのです。

こう考えると，この第三のパターンが最も効果的であるように考えられますが，オキーフ（1999）は，実際にそのような傾向が認められることを42の研究をメタ分析して明らかにしています。と言っても，両面提示＋反駁の効果量は，$r=.08$ でした。これも先ほどの説得目標の提示と同じく，小さい効果です。両面提示＋反駁のパターンにすれば，必ず受け手の応諾を得られるわけではありませんが，試してみる価値はあるという程度でしょう。

●事例　両面提示＋反駁の説得メッセージ
――大学卒業試験導入

両面提示＋反駁の説得メッセージというのは，実際にはどのようなものなのでしょうか。以下は，今井（2014）において用いられた説得メッセージです。実際には複数の説得メッセージが作成され，その説得効果が比較されていますが，以下は，ポジティブ論拠＋ネガティブ論拠＋反駁のパターンを取っている説得メッセージです。説得テーマは，第1章で取り上げた大学における卒業試験導入です。説得メッセージの体裁としては，卒業試験導入について複数の大学生がゼミで検討した結果をまとめたものであるという形になっています（説得メッセージの構造がわかるように［　　］内の情報を付してありますが，実際の実験においては記載されていません）。

「文科省が大学の卒業試験導入を検討中！」

卒業試験に関する，あの雑誌記事を見たときは，びっくりしました。しかも，1,2 年後の実施を目指しているとは！ 下手(へた)をすると，自分たちに深く関わって来るということです。

多くの学生にとって，卒業試験なんて基本的には嫌(いや)なものだと思いますが，もし仮に卒業試験が実施されたら，どのようなメリット（長所）があるのかをちょっと考えてみました。

[ポジティブ論拠]

まず，自分の専攻分野では，卒業するまでにどのようなことを勉強しなければならないのか，それがはっきりすると言えます。卒業試験の試験範囲から，大学でどのようなことを学ぶ必要があるのかをあらかじめ確認でき，それに向けた学習が可能になると思います。

第二に，卒業試験で合格しなければ卒業できなくなるので，「合格して卒業できるよう勉強しなければならない」というように，勉強への意欲が高まる可能性があります。学生にとって大学を卒業することが，大学に入った一つの目的ですから，それをクリアするために，「卒業試験に合格するよう勉強しなければ」という気になるように思います。

[ネガティブ論拠]

でも，卒業試験の導入もよいことずくめではないと思います。デメリット（短所）も考えられます。

まず，すぐに思い浮かぶことは，通常の定期試験のほかに，試験が実施されることになり，学生の負担が増えることです。通常，学年末の定期試験は，1～2 月に実施されていますが，卒業試験はその後に行われると考えられます。4 年生にとっては，試験が連続することになり，かなりの負担が予想されます。

また，卒業試験のために単なる記憶（暗記）が重視され，批判的にものごとを考えるという姿勢が損なわれてしまうのではないか心配です。卒業のために試験に合格しなければならないわけですから，そのための試験勉強が必要となり，例えば，考え方を学ぶという余裕がなくなってしまうのではないでしょうか。

[ネガティブ論拠に対する反駁]

しかし，そうしたデメリットもそれほど問題ではないように思います。確かに 4 年生にとって通常の定期試験のほかに卒業試験があるというのは，一見たいへんそうです。でも，卒業試験がどのようなものになりそうかを考えると，各学生の専攻領域で学ぶべき最低線の確認ということでしょうから，そうそう難しい試験になるとは思えず，4 年生にとって卒業試験がものすごく負担になるとは考えられません。

また，暗記が重視されてしまい，批判的にものを考える力が落ちてしまうという指摘に対しても，あまり心配する必要はないように思います。ものごとに対する考え方，あるいは批判的なものの見方については，既にそれまでにゼミや実習を通して訓練されてきているわけですから，卒業試験対策で勉強したくらいで，批判的な考え方が低下してしまうとは考えられません。

[結論（主張点）]

このように考えると，あらゆることに成果，あるいは，証拠（エビデンス）を求められる最近の風潮では，卒業試験を導入して「大学教育の質」を保証し，大学教育をさらに活性化していく必要があるのでしょう。（1,228 文字）

(c) 証拠（データ）の提示　先ほどのウォーキングの例で見たように，送り手が自分の体験に基づいて，ウォーキングを行うことの長所や短所を論拠として考え出すことができます。でも，その他に調査結果に基づいて論拠を作ることもできます。ウォーキングの場合も，ウォーキングに関する学術論文の結果や製薬会社の調査結果などを使うことができます。

実験や調査に基づいた，**客観的なデータに基づいた証拠**（統計結果に基づくデータ）を提示することは，どの程度効果的なのでしょうか。数多くの人から得られたデータに基づく情報とある人の実体験や事例に基づいた情報とでは，どちらの方が効果的なのでしょうか。アレンとプライス（1997）は，**統計的証拠**を用いたメッセージと**ストーリー**（narrative）を用いた事例的メッセージのどちらの説得効果が大きいか，15の研究をメタ分析したところ，統計的証拠を用いた場合の効果性がやや認められました（効果量 $r=.10$）。また，ホーニクス（2005）も事例的証拠より統計的証拠の大きい効果性を見出した研究，逆のパターンの研究，両者の差を見出さなかった研究の数を比較し，統計的証拠がやや効果的であるという，同じような結果を得ています。

効果量としては，それほど大きい値ではないので，データを用いたメッセージとストーリーを用いたメッセージとの間に大きい差はないようですが，どちらかというと統計的情報を用いた方が説得的なようです。ただし，後ほど述べますが，受け手の心理的リアクタンスを考えると，ストーリー説得にも捨てがたい点があります。

(d) 情報の提示順序　説得メッセージはある程度の長さ（文

字数や提示時間）になるので，どの情報をどの位置に配置して提示することが効果的かという，情報の提示順序に関する問題を設定することができます。この場合，情報のどの側面に注目するかによっていくつかの問題を立てることができます。

一つは，**重要な論拠**を説得メッセージの最初と最後のどちらに置くことが効果的かという問題です。第二は，ポジティブ論拠とネガティブ論拠をどのような順序で提示することが効果的かという問題です。

提示順序に関しては，記憶の順序効果との関連が考えられます。**順序効果**とは，系列位置効果とも呼ばれ，一連の複数の情報がある場合，系列（情報の並び）の最初に位置している情報と最後の方に位置している情報の記憶再生率が高いことです。前者は初頭効果，後者は新近効果と呼ばれています。

初頭効果の場合は，一連の情報が提示される始めなので，受け手が（まだ飽きが来ていないので）注意を向けやすく，また，情報を記憶するにも余裕がある状態なので，長期記憶化されて比較的情報が頭に残りやすく，最初の情報は後に思い出されやすくなります。また，**新近効果**の場合は，一連の情報の最後に提示される情報のため，時間的にすぐ前のことであるので，思い出されやすくなります。思い出すことが，情報提示の直後であるほど，新近効果は生じやすくなります。

ポストマンとフィリップス（1965），グランザーとキュニッツ（1966）の研究結果を見ると，初頭効果は相対的に長期記憶の恩恵を受け，新近効果は短期記憶の恩恵を受けていることが推測されます。

それに対して中央付近に位置する情報については，次のように考えることができます。既にある程度の量の情報が提示されて記憶貯蔵庫が使用されてきており，また，一連の情報に注意を向け続けることは努力のいることでもあります。中央付近は，前半部分の情報の影響を受けて思い出されにくく，さらに，思い出す際には，後半部分からの影響も受けてしまいます。これらのことが合わさって，通常，中央付近の情報は思い出されにくくなることも考えられます（マードック，1962）。

複数の情報が並んで提示される場合（説得メッセージは通常そのようになっています），こうした私たちの記憶特性の影響を受けると考えられます。先ほどの2つの問いに戻りましょう。重要な論拠を説得メッセージの最初に持ってきた方がよいのでしょうか，それとも最後に持ってきた方がよいのでしょうか。

これについては，両者にほとんど差がないとシェンとビグスビー（2013）は指摘しています。つまり，どちらでもよいということですが，今，見てきた順序効果を考えれば，重要な情報（論拠）はメッセージの最初と最後の両方で提示することがよいようです。また，あまり重要でない情報は，メッセージの中央付近に配置することも考えられるでしょう。

第二の問題についてはどうでしょうか。ポジティブ論拠とネガティブ論拠のどちらを先に提示することが効果的なのでしょうか。倫理的観点から見れば，ある説得テーマを働きかけるにしても，それを支持する論拠（ポジティブ論拠）だけでなく，反論（ネガティブ論拠）も提示した方が，受け手に対して公平であると言えます。しかし，送り手にとっては，できればネガティブ論拠は明示しないでおきたい情報でもあります。そうすると，情報の提示順序の効果があるのであれば，ネガティブ論拠の影響が少ない位置に置くことを考えるかもしれません。

先の初頭効果と新近効果を考えれば，

ポジティブ論拠＋ネガティブ論拠＋ポジティブ論拠

というように，反論となるネガティブ論拠をポジティブ論拠で挟んだサンドイッチ形式にすることにより，ネガティブ論拠による影響が小さくなることが考えられます。なお，このスタイルは，先ほど紹介した両面提示＋反駁と同じ形式になっています。すなわち，

主張（結論，ポジティブ論拠）
＋反論（ネガティブ論拠）
＋（ネガティブ論拠の）反駁

ということです（図14）。

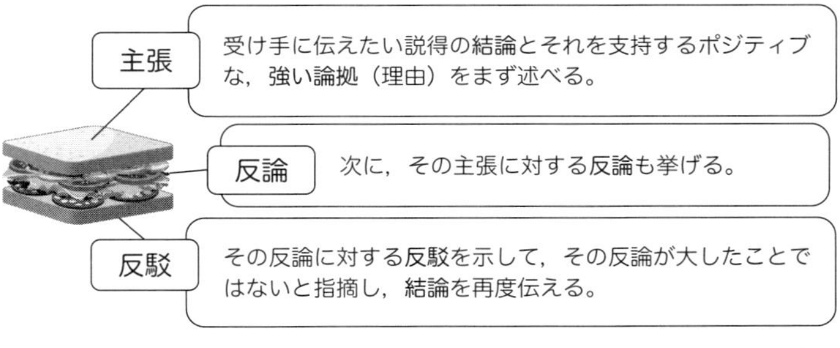

主張　受け手に伝えたい説得の結論とそれを支持するポジティブな，強い論拠（理由）をまず述べる。

反論　次に，その主張に対する反論も挙げる。

反駁　その反論に対する反駁を示して，その反論が大したことではないと指摘し，結論を再度伝える。

図14 「主張＋反論＋反駁」スタイルの説得メッセージ（サンドイッチ方式）

筆者が大学卒業試験の是非を説得テーマにして，大学生を対象に行った実験においては，ポジティブ論拠とネガティブ論拠の数を同数にしてその提示順序を変える条件を設定しました（今井，2014)。その際，双方の論拠を前半と後半に2段階に分ける条件（ポジティブ→ネガティブ，ネガティブ→ポジティブ)，および，上記のように3段階（サンドイッチ方式）にした条件（ポジティブ→ネガティブ→ポジティブ，ネガティブ→ポジティブ→ネガティブ）を設定しました。どの条件でも受け手に与えられる情報（論拠）の量は同じになっていました。

その結果，2段階の場合，説得効果に差はありませんでした。ポジティブ情報とネガティブ情報のどちらを先に持ってきても効果に差はないということです。それに対して，3段階の場合は，（結果の予測ができるかと思いますが）ネガティブ→ポジティブ→ネガティブの方が説得効果の低いことが見出されました。また，このパターンは，2段階のパターンよりも効果の低いことが認められました。

同じ説得情報を提示するのであっても，ネガティブ→ポジティブ→ネガティブのパターンにしてしまうと，説得効果が低下してしまうということです。逆に言えば，このパターンにしない限り，情報（論拠）の順序効果については，神経質になる必要はなさそうだということです。

私の実験では，ポジティブ論拠とネガティブ論拠の中に強い論拠と弱い論拠がほぼ同数含まれていました。この弱い論拠を付け足す効果について検討しているのが，フリードリックら（1996）です。彼らは**メッセージ混在効果**と名づけ，強い論拠の後に，「少しでも説得効果を高めることができるであろう」と考えて弱い論拠を付け加えてしまうと，それを付け加えない場合よりも説得効果が低下してしまうことを明らかにしました。その原因は，受け手が付け加えられた弱い論拠に対して反論を考えやすくなることであると考えられています。下手に弱い論拠を付け加えるよりは，強い論拠のみで説得した方が効果的であるということです。

(e) 利得フレーミングと損失フレーミング　説得メッセージを作成するにあたり，上記では，説得テーマを支持する論拠（ポジティブ論拠）とそれに反対する論拠（ネガティブ論拠）に目を向けました。その他にも，説得テーマに関連して，受け手が手にすると考えられる報酬や損失に焦点を当てて説得メッセージを作ることができます。それがフレーミングです。

フレーミングとは，ある情報を受け手に提示するにあたり，情報のポジティブな側面（利益や報酬），もしくはネガティブな側面（損失や罰）のどちらに焦点を当てて提示するか，その枠組みのことを意味しています。前者は利得（gain）フレーミング，後者は，損失（loss）フレーミングと呼ばれています（トゥヴァスキーとカーネマン，1981）。

トゥヴァスキーらによれば，一般に私たちは，将来的に獲得できる利益や報酬よりも，被ると予測される損失の方に目が行ってしまい，それを重視することが指摘されています。

例えば，彼らが実験で用いた有名な問題は，次のようなものです（ここでは，アメリカドルではなく，日本円で表現しています）。

問１　あなたならどちらの選択肢を選びますか？
　　A　確実に９万円もらえる
　　B　90％の確率で10万円もらえる

問２　あなたならどちらの選択肢を選びますか？
　　A　確実に９万円失う。
　　B　90％の確率で10万円失う。

問1，問2におけるどちらの選択肢（A，B）も論理的に計算される金額（期待値）は同じ9万円ですが，それをもらえる場合（問1）は，確実なAの方を選び，失う場合（問2）は確実に失う方を避け，Bの方を選びがちです。自分にとって悪い選択肢しかない場合は，確実なものよりも確率的なものの方を選ぶ，言い換えれば，リスク（危険）追求的になる，ギャンブルをする傾向があるということです。

カーネマンとトゥヴァスキー（1979）は，**プロスペクト理論**として，その考え方をまとめています。**プロスペクト**（prospect）とは，見込み，可能性という意味です。将来的にどの程度の利益が得られるか，損失を被るかという見込みを推測するにあたり，私たちは，利得を得ることよりも損失を失うことの方を重視しがちであるということです。現在持っているものが増えることを喜ぶよりも，現在持っているものを失うことの方が嫌なのです。

そして，プロスペクト理論を適用すれば，ものごとの判断をする際に，ある程度大きい不確かさ（リスク）がある場合は，損失フレーミング（問2のB）で状況を記述した方が，人はそのリスクを受け入れようとするのに対し，不確かさ（リスク）が相対的に小さい場合は，利得フレーミングで記述した方が，そのリスクを受け入れようとすると考えられます。

健康問題を例にとって具体的に考えると，健康のために検査を行うような，結果がどうなるかわからない（不確かな）場合には，損失フレーミングを用いた方が，検査を受けるように受け手に影響を与えやすいのです。他方，健康のための運動のように，低リスクの予防的行動の場合には，利得フレーミングの方が効果的であるということです（グレイとハリントン，2011）。

しかし，オキーフとジェンセン（2006，2007，2008，2009）のメタ分析によれば，両フレーミングの説得効果に差はないということです（効果量：r=.02，研究数：k=164，被験者数：N=50,780）。ただ，彼らの2008年の研究によれば，利得フレーミングの方が受け手の精査（説得メッセージについてよく考えること）を引き起こす傾向にあるようです。

したがって，将来的に受ける受け手の報酬と損失のどちらに重きを置くかについても，送り手としてあまり考える必要はないようです。

(f)　恐怖（脅威）アピール　損失フレーミングの場合は，送り手の言う行動を取らないと，受け手が困った状況に陥る（損失を被る）ことを受け手に伝えることになります。説得テーマによっては，そうした側面を強調して，受け手を怖がらせて説得することも可能です。脅威を与え，恐怖感を引き起こすということです。例えば，海外のタバコのパッケージには，喫煙による肺疾患を示す，あまり見たくない写真が印刷されています。このように受け手に脅威を与えることは，説得効果があるのでしょうか。

その結論を見る前に，脅威を与える説得メッセージの作り方を見ておきたいと思います。モンジョ（2013）によれば，脅威メッセージは大きく2つの部分から作られています。一つは受け手に**脅威を与える部分**であり，もう一つは**その脅威に対する対処法**に関する部分です。前者は脅威の内容と強度（例えば，喫煙すると肺疾患にかかること，副流煙が周囲の人に影響を及ぼすこと）とその脅威にさらされる可能性に関する情報が含まれます。後者もさらに2つの部分から構成され，一つはどのような方法を用いればその脅威を低減できるのかという対処法であり，二つ目はそうした対処法を受け手が取ることのできる可能性です。

受け手に脅威を与える場合の説得テーマというのは，受け手の**健康増進**（健康診断受診，歯科衛生，禁煙，運動の励行など）に関するものが多いようです。そして，ウィッテとアレン（2000）のメタ分析によれば，説得テーマの内容や受け手の属性に関わらず，脅威を与えた方が効果的であるということです（$r=.297$, $k=51$, $N=12{,}735$）。彼らによれば，受け手に与える脅威が大きいほど，受け手の態度や行動意図，実際の行動は大きく変化します。また，その脅威に対して受け手が対処可能であると指摘するほど，受け手はそうした対処行動を取ろうという気になるということです。

脅威アピールに関する研究は既に60年以上の歴史があり，その効果性を説明するモデルとして，防護動機モデル（ロジャーズ，

1975)，拡張並行処理モデル（ウィッテ，1992)，段階モデル（デ・フーグら，2007）などがありますが，それらのデータ説明率は必ずしも高くありません。モンジョ（2013）は，その原因として，受け手の恐怖感を測定する際に生理的指標ではなく，自己申告の回答で測定していることをあげています。そして，恐怖感というネガティブ感情をより客観的な生理的指標で測定した上で，受け手の認知的反応や感情的反応を組み込んだモデルの必要性を指摘しています。

日本においては，深田（1988，2002b）や木村（2005）が精力的に脅威アピールに関する研究を行っており，いずれも先ほどのウィッテとアレン（2000）のように，脅威が大きいほど説得効果の大きいことを明らかにしています。また，深田（2002b）は，説得テーマとは関連なく受け手に恐怖感情を喚起する方法の効果性についても触れており（無関連恐怖喚起状況下での説得)，その場合も恐怖アピールの効果性があることを指摘しています。また，木村（2005）は，脅威アピールとフレーミングとの関連性に目を向け，脅威アピールが損失フレーミングに相当すると考えると，確実に生じる小さい損失を強調するよりも，不確実だが大きな損失を強調した方が説得効果の大きいことを予測しています。

脅威アピールについてまとめると，健康増進に関連する説得テーマの場合に限定されますが，受け手にとって好ましくない，大きい脅威が生じること，その発生確率が高いこと，それを回避するための具体的な方策を受け手に示すこと，そして，その方策を受け手が実行可能なことを強調することが高い説得効果に結びつくと言えそうです。

(g) ユーモアとポジティブ感情　受け手に恐怖感を与えるというのは，ネガティブ感情を引き起こすことになります。**ネガティブ感情**とは，ある刺激によって引き起こされる生理的反応を伴う一時的な感情反応の内，恐怖，怒り，驚き，嫌悪など，私たちが回避したいと思う感情です。それとは逆に，喜び，幸せ（幸福）など，好ましい感情は**ポジティブ感情**です。

受け手をポジティブな感情状態にすることは，説得効果があるのでしょうか。具体的には，ユーモアによる効用です。日本においては，牧野（2002，2005）がユーモアの説得効果について研究しています。ユーモアを定義すれば，「ジョーク（しゃれ），謎かけ，韻を踏んだ言葉遊び，おもしろい画像などによって，受け手に笑いを誘い，面白い，おかしい，楽しいなどのポジティブ感情を引き起こすような刺激」ということになるでしょう。牧野（2002）は，ユーモアを**遊戯的**なもの（例えば，上記のような言葉遊び的なもの）と**攻撃的**なもの（例えば，対象人物の短所を遠回しに避難する皮肉，残酷さや不気味さを含んだブラック・ユーモア，自分が所属する集団以外の外集団メンバーの評価を下げるようなからかい）に分類していますが，説得の場合には，遊戯的ユーモアを活用することになります。

ユーモアを用いることは説得効果を高めるのでしょうか。牧野（1999）は，研究方法上，問題点が少ないと判断される11の研究を対象に結果をまとめ，ユーモア単独による効果は認められないことを指摘しています。ガスとセイタ（2011）もその説得効果はまだ結論が出ていないと述べています。

効果があるとすれば，ユーモアによって，説得メッセージに受け手の注意が向くこと，送り手に対する評価がポジティブになり好意的になること（ユーモアを提供してくれる楽しい，おもしろい送り手である），説得メッセージを精査したりしなかったりするようになることなどの影響があると考えられます。

ただ，牧野（1999）の実験では，攻撃的ユーモアよりも遊戯的ユーモアの方が説得効果の大きいことが見出され，また，ユーモアの多い方が少ない場合よりも効果的であることが明らかにされています。

ユーモアの効果もあまり一定していないのですが，これは説得メッセージにユーモアを付け加えると言ってもユーモアには多くの種類があること（バーガー（1976）は，ユーモアには45種類あると述べています），また，ユーモアの面白みに対する感受性に個人差があることなどが原因であると考えられます。つまり，受け手に一定の面白みの感覚を引き起こすようなユーモア刺激を設定することがむずかしいということです。現時点では，ユーモアを説得メッセージに含めることを否定はしないけれども，積極的に勧めるものでもないと言えるでしょう。

●再びI（アイ）メッセージ

今まで，説得メッセージを作成する際に考慮すべき7つの要因について見てきました。そうした説得効果に影響を与える要因に関する研究においては，送り手が受け手にある行動を取るように促す説得メッセージを作成することが目的でした。したがって，第4章で見た心理的リアクタンスという観点から見れば，リアクタンスを引き起こす可能性のあるものでした。

受け手のリアクタンスを最も引き起こさない働きかけ方は，前章で紹介しましたIメッセージです。Iメッセージでは，受け手に「ある行動をしなさい」と指示を与えず，今後どうするかは受け手の自己判断に任せているからです。

この方法の欠点は，受け手の自由を重視するあまり，送り手の苦境の解決策について受け手に任せている点です。受け手が送り手の望む解決策を考え出してくれれば，受け手自身が考え出したことでもあるので，その実行度は高まります。しかし，受け手が常識人でない場合，送り手の意図が伝わらず，苦境の解決に至らない場合もあります。そのような場合，この後，どのように受け手に働きかけることが可能なのでしょうか。その一つの答えがストーリー説得です。

●論理的説得とストーリー説得

私たちが「説得」と聞いて頭に思い浮かべるのは，受け手の考えや行動が送り手の望み通りに変わるよう，その論理的な理由（論拠）を並べて，受け手に納得してもらうものだと思います。説得を研究してきた社会心理学においても，そのような説得メッセージの効果に目を向けてきました。そして，どのような要因が説得メッセージの効果を高めるかについて，上記に紹介したような研究が行われてきました。

そのような論理的な理由を含む説得メッセージを用いた説得を論理的説得（argument-based persuasion）と呼ぶことができます。それに対して，1990年代から研究され始めたのがストーリー説得（narrative persuasion）です。文字通り，ストーリー（物語，事例）を用いた説得ということです。論理的説得に比べ，ストーリー説得の方が，送り手の意図を受け手に悟られにくく，そのため，受け手のリアクタンスが生じにくいということで最近も研究が盛んに行われています。

受け手に対して「太陽」的に接することを目指す本書では，Iメッセージが功を奏さなかった後は，ストーリー説得が一つの選択肢です。

●ストーリーとは

ストーリー説得とはどのようなものなのでしょうか。ストーリーを訳せば「物語」ということになりますが，物語というと，「日本昔話」のような，今までに多くの時間が経過していて，多くの人に知られているお話という印象が強いので，ここではカタカナ書きでストーリーと表記することにします。もちろん，その中味は，この後説明するように，物語と大きく異なるわけではありませんが，日常生活のコミュニケーションにおいて作られ，他者に伝達されるものとして，ストーリーと表現することにします。

それでは，ストーリー説得におけるストーリーとはどのようなものなのでしょうか。いくつかの定義を見てみましょう。

「状況（シーン），登場人物，葛藤（コンフリクト）に関する情報を提供し，まだ答えが得られていない疑問や解決されていない葛藤を取り上げ，そして，その解決を提供するような，初盤，中盤，終盤というプロセスをもつ，まとまった話」（ヒンヤードとクルーター，2007，

p.778)

「『登場人物が存在し，状況設定及び登場人物（主人公）の目標が明らかにされ，登場人物（主人公）が“意図”を持って何らかの試みを行う様々な出来事が，概ね“時系列”をベースにしながら意味を持つ“筋書き”に従って配列され，その帰結が明らかとなる』ような情報である」(川端・藤井，2014，p.Ⅰ-138)

ビランジックとバッセル（2013）は，論理的説得がデータや論拠を基に構成されているのに対し，ストーリーでは，複数の出来事と登場人物の内的世界（視点，感情，動機，目標）が描写され，受け手は，登場人物に共感し，同一視するように反応するものと捉えています。また，ソーンダイク（1977）は，ストーリーの構成要素として，状況（登場人物，場所，時間），テーマ，プロット（話の筋や複数のエピソード（サブ目標，登場人物の行動，その結果）），そして，問題の解決をあげています。

研究者によって注目する点に多少違いがあるようですが，おおむね以下のような特徴を備えているものをストーリーと捉えることができるようです。

- **登場人物**がいて，何らかの**問題**や**目標**（テーマ）を持っており，その問題を解決したり，目標を達成したりするために複数の行動をとっている。
- 問題解決や目標達成に最も関連を持っている登場人物が主人公となる。

- 登場人物の行動が出来事（イベント）として話の筋（プロット）を作っている。
- 話の筋の背景にある，時間，場所（状況）に関する情報が提供される。
- 複数の出来事は時系列的に配列されている（過去に戻ったり，未来に飛んだりすることもある）。
- 登場人物の内的世界（視点（ものの見方），感情，動機（欲求）など）に関する情報が直接的，間接的に表現される。
- 主人公が解決困難な問題（葛藤）に立ち向かい，問題を解決するために多くの努力を払い，そして，最終的に目標を達成できると，受け手にある種の感情（喜び，悲しみ，驚き，悔しさなど）や感動を生じさせる。受け手の感情は，出来事の描写や登場人物の内的世界の紹介を通じても引き起こされる。
- 初盤，中盤，終盤というように，3～4段階のステージ（序破急，起承転結）から構成される。

ストーリーとしてこれらすべての要因を含んでいる必要はありませんが，少なくとも，(a) 解決すべき問題や目標に関わるテーマ，(b) 主人公を含む登場人物，(c) 複数の出来事（エピソード）の時系列的配列は必要でしょう。

●ストーリーの具体例

ストーリー説得に関する研究では，現在，健康関連問題をテーマにしたものが多いようです。(a) 例えば，禁煙，禁酒のように，健康を害する行動をやめるように促すもの，(b) 人間ドックや乳がん検診などのように健康診断を促すもの，そして，(c) ウォーキングやジョギングなどのように健康増進のための行動を促すものなどがあります。

例えば，グレイとハリントン（2011）は，次のようなストーリーを用いて，受け手が健康のために運動することに対してどのように考えるようになるか，データを取っています。彼らは，論理的な説得メッセージとストーリー的説得メッセージを比較し，さらに，先に紹介したフレーミングという要因を掛け合わせて，全部で4条件を設定し，結果を比較しています。

彼らは，4条件それぞれの説得メッセージを次のように作りました。具体例を読むと，ストーリー・メッセージと論理的メッセージ，利得フレーミングと損失フレーミングの意味をさらに理解できるようになると思います。いずれも健康のために運動することを促すメッセージになっています。

（1） ストーリー・メッセージで利得フレーミング

パットとクリスは，最近まで運動することがあまり好きではありませんでした。彼らは，春休みにフロリダに行く予定を立て，パットがデイトナ・ビーチに住んでいる叔母の家に友人たちを招待しました。

その旅行の数か月前，パットとクリスは，身体を鍛えるために一緒に定期的に運動することにしました。月，水，金曜の授業後，最初は20分ぐらい走ることから始めました。彼らは運動するための時間を作れず，やる気を維持できないのではないかと心配していました。というのも，パットは，各学期12時間の授業の他にフルタイムの仕事を持っていましたし，クリスは，15時間の授業の他にインターンシップ（企業研修）もやっていたからです。

でもパットは，ランニング・マシーンを使いながら勉強をして時間を節約し，クリスは，身体を鍛えることがフロリダでのサーフィン・スクールで役立つことを考えながらやる気を高めていました。彼らは，自分たちがだんだんと健康に，そして，たくましくなっているように感じていました。彼らはさらに，自分たちの身体のために何かよいことをしているという達成感もあることに驚いていました。

デイトナに行ったときには，最高の気分で，素晴らしい時を過ごしました。パットは自信を持って素晴らしい友達を作ることができ，クリスはサーフィンを練習しようと一所懸命でした。彼らは春休み後もずっと運動を続けています。クリスは，運動するためのちょっとした時間が，大きく自分たちのためになっているのだと思い始めています。

(2) ストーリー・メッセージで損失フレーミング

negative message

（(1)の前頁部分より続く）

パットはランニング・マシーンを使いながら勉強をして時間を節約し，クリスはフロリダでサーフィン・スクールに通っている間の自分の太った身体つきを想像して，運動することへのやる気を高めているようでした。でも，2人とも大学の授業と仕事で疲れてしまい，運動することをやめてしまいました。彼らは前よりも調子が悪くなったように見え，また，そう感じ，身体がなまり始めました。さらに，自分たちの身体のために何かよいことをしているという達成感もなくなりました。

パットとクリスは，デイトナではあまり楽しい時を過ごすことができませんでした。パットは新しい友達を作ることの自信を失い，クリスはサーフィンを練習しようという気がなくなりました。大学に戻ってからも運動をするやる気が出ませんでした。クリスは身体を鍛えるためにちょっとした時間を使わないでいることが，自分たちの健康ためによくないのではないかと心配し始めています。

(3) 論理的メッセージで利得フレーミング

アメリカ成人の3分の1は，定期的に（週に3回，少なくとも20分間，一所懸命）運動しています。実際，専門家も運動が信じられないくらい健康のためによいと指摘しています。疾病予防管理センター（CDC）によると，運動によって（一層）健康になり，最大50%，心臓発作や糖尿病を減らすことができるということです。運動することによってあなたの自信が高まる可能性もあります。実際，運動を始めた成人を1年間追跡調査した研究によると，自信が高くなったことが見出されました。

しかし，多くの人は運動することをあまり優先していません。最近の調査によると，若い成人の76%は，運動を定期的に行うための時間とやる気がないと回答しています。アメリカ・スポーツ医学会（ACSM）は，定期的に運動した後の達成感や自分の体型がいかによくなるかについて想像することが運動へのやる気につながると提案しています。

時間に関しては，週に約1時間（あなたの全時間の1%にも満たない時間です！），定期的に運動することを考えてみてください。ACSMは，運動することをふだんの生活の一部として捉え，また，勉強しながら有酸素運動をするというように，時間を節約しながらちょっとした運動を行うことによって，仕事や勉強の忙しいスケジュールの中に運動を組み込んでいくことを提案しています。週の1%の時間が，こうした望ましい結果を得るための価値ある時間になるのです！

(4) 論理的メッセージで損失フレーミング

アメリカ成人の3分の2は，定期的に（週に3回，少なくとも20分間，一所懸命）運動していません。実際，専門家も運動しないことが健康上の問題を引き起こすと指摘しています。疾病予防管理センター（CDC）によると，定期的に運動しないことによって病気にかかりやすくなり，最大50％まで心臓発作や糖尿病になる確率を高めてしまいます。運動しないことがあなたの自信も低下させてしまうかもしれません。実際，途中で運動をやめた成人を1年間追跡調査した研究によると，自信の低下が認められました。

しかし，多くの人は運動することをあまり優先していません。最近の調査によると，若い成人の76％は，運動を定期的に行うための時間とやる気がないと回答しています。アメリカ・スポーツ医学会（ACSM）は，定期的に運動しないことによって，達成感を失い，自分の体型がいかに悪くなってしまうかについて想像することが，運動へのやる気につながると提案しています。

時間に関しては，週に約1時間（あなたの全時間の1％にも満たない時間です！），定期的に運動することを考えてみてください。ACSMは，運動することをふだんの生活の一部として捉え，また，勉強しながら有酸素運動をするというように，時間を節約しながらちょっとした運動を行うことによって，仕事や勉強の忙しいスケジュールの中に運動を組み込んでいくことを提案しています。週の1％の時間が，こうした望ましくない結果を回避するための価値ある時間になるのです！

皆さんは，どのメッセージを読んだときに，（さらに）運動しようと思うようになったでしょうか（皆さんの場合は，一度に4つのメッセージを読んだので，順序効果の影響が生じる可能性がありますが…）。上のストーリー・メッセージでは，パットとクリスという2人の男子学生が登場人物として設定されており，彼らが定期的に運動する（しない）ことによってどのような結果が生じたかが記述されています。そこには，調査結果を始めとするデータは紹介されていません。それに対して，論理的メッセージでは，権威ありそうな機関の名前や調査結果が提示されて，定期的に運動する（しない）ことの影響が記述されています。しかし，具体的な個人の体験談や事例は紹介されていません。

グレイとハリントン（2011）の研究では，ストーリー・メッセージと論理的メッセージとの間に説得効果の差は認められませんでした。ただ，損失フレーミングよりも利得フレーミングの方が，受け手は運動しようという気になったことが認められています。

●ストーリー説得とは

ストーリー説得とは，上記のようなストーリーを用いて，受け手の考えや行動を変えようとすることです。なぜ，最近，ストーリー説得が注目されているのでしょうか。ストーリー説得の特徴は何なのでしょうか。その特徴として，(a) 内容をイメージ化しやすいため記憶されやすいこと，(b) 送り手の説得意図が感じられにくいこと，(c) 主人公への同一視やストーリーへの没入によってリアクタンスや反論が生じにくいことを挙げることができます。これらについて順に見ていくことにしましょう。

(a)　内容を記憶しやすい　ブルーナー（1986, 1991）によれば，私たちが周囲の世界を認識したり，他者とコミュニケーションを取ったりする情報処理形態の一つがストーリー（narrative mode）です。心理学で記憶について勉強したことのある人は，**エピソード記憶**（タルヴィング，2002）という言葉を聞いたことがあると思います。これは，ある個人の行動に時間と場所の情報が伴った記憶の形態を指しています。

例えば，「（自分が）昨晩，10年ぶりに会った友人と飲みに行った」とか，「先日，友人が沖縄へ旅行してきて，おみやげを買ってきてくれた」というエピソードです。ストーリーはこうしたエピソードの集合体と言えます。つまり，私たちの記憶の一形態が，そもそもストーリー的になっているということです。

もう一つの情報処理の形態が**論理科学的**な記述（paradigmatic mode），あるいは，論理的議論です。これは，前に紹介した論理的メッセージに対応しています。ものごとをデータ，数値，統計値などである程度抽象的に表現し，その論理的な関係（比較，包含，因果関係など）を記述したものです。例えば，「インフルエンザの原因はウィルスである」とか「中性的な刺激に接触する回数が増えるほど，（上限はあるが）その刺激に対する好意度が高まる」というような記述です。科学的な学術論文は，この形態に相当します。

シャンクとエイベルソン（1995）は，ストーリーの方が論理的メッセージよりも人々に記憶されやすいと指摘しています。ストーリー中の登場人物や出来事（エピソード）がメッセージの受け手と私的（パーソナル）に関連し，また，因果的，時系列的，空間的に関連し合っているため，それぞれの情報が互いに関連し合って，記憶しやすい形になっているからです。

(b) 送り手の説得意図が見えにくい　ストーリー・メッセー

ジに書かれているのは，あるテーマ（例えば，健康のための運動，禁煙，駅前駐輪禁止）に関する，登場人物の行動を主体にしたエピソードです。例えば，会社の健康診断で初めてメタボリックシンドロームであると診断された40代会社員が，一念発起して毎朝，出勤前に30分の早足ウォーキングを始め，それを2か月続けたところ，ウェスト周りが3cm短くなったというようなストーリーが提示されます。そこには，通常，送り手が受け手に行って欲しい行動をとるように，受け手に直接働きかける文章（結論や主張点，例えば，「健康のために，週に3回，1回に20分以上のウォーキングを行いましょう」）は含まれていません。

そのため，送り手がどのような意図を持ってこのストーリーを受け手に提示しているのかがわかりにくい状況になっています。もちろん，ストーリーに書かれているエピソードが，健康のためのウォーキングであれば，送り手は受け手にウォーキングを始めとする運動を行うように働きかけているのだということを，受け手が読み取ることは可能です。でも，明確に結論や主張点が示されている場合に比べれば，送り手の意図は受け手に見えにくくなっているのです。受け手によっては，送り手が何らかの意図を持ってそうした働きかけをしているということに気づかないかもしれません。

(c)　同一視や没入が受け手のリアクタンスを低減　論理的メッセージの場合は，「送り手が自分を説得しようとしている」というように，受け手はある種，身構えてそのメッセージを理解しようとします。しかし，ストーリー・メッセージの場合は，ついついそのストーリーの内容に引き込まれてしまい，メッセージに抵抗するという気持ちが生じにくくなります（シンら，2004）。

ストーリーの内容に引き込まれるということは，言い換えれば，自分があたかもストーリーの登場人物になったかのような感覚を持ったり（登場人物への**同一視**（identification），デ・グラーフら，2012），ストーリーの世界にいるかのような錯覚に陥り，ストーリーの世界に没入（transportation or immersion）したりすることです。

グリーンとブロック（2000）は，**イメージ没入モデル**（Transportation-Imagery-Model）を提唱し，受け手がストーリーに没入することが説得効果を生み出すと指摘しています。ストーリーに没入することによって，ストーリーが暗に示していることに対する反論が抑制され，ストーリーの世界において生き生きとした体験をし，登場人物との強い絆を感じるようになり，それらがストーリー・メッセージの説得効果につながるということです。イメージという言葉がモデル名に含まれているのは，ストーリーを読みながら，登場人物の行動や気持ち，情景などを現実のように鮮やかにイメージ化（視覚化）することが重要であると考えているからです。

●ストーリー・メッセージの欠点

しかし，ストーリー・メッセージにも欠点はあります。問題の提起からその解決までを描写するにあたり，（a）情報量（文字数）が多くなる傾向があること，したがって，（b）受け手がメッセージを理解するために相対的に長い時間を必要とすること，（c）ストーリーによっては，送り手の説得メッセージが明示されているわけではないので，受け手によっては，送り手の説得意図が伝わりにくいこと，そして，(d) 効果的なストーリーの作成方法が定式化されていないことです。

最後の点について，例えば，上記のグレイとハリントン (2011) の研究においてストーリー説得の大きい効果が認められなかった一因は，ストーリーの中にある出来事の具体性が乏しく，受け手である私たちがパットやクリスに同一視したり，ストーリーに引き込まれるという没入の程度が低かったりしたからではないかと推測できます。先ほど紹介したユーモアと同じく，ストーリーの場合も，送り手が作成する際に自由裁量の部分が多くありますので，説得効果の高いストーリー作りがむずかしいのです。そこで考えられる一つの解決策は，ストーリーと論理的メッセージの融合という形です。

●ストーリー・メッセージと論理的メッセージの融合

ストーリー・メッセージのすぐれている部分は，受け手に記憶されやすく，送り手の説得意図が受け手に認知されにくく，そのため，受け手のリアクタンスや反論が生じにくいことです。ただ，ストーリー・メッセージと論理的メッセージの説得効果を比較してみますと，先ほどのグレイとハリントンの研究もそうでしたが，前述のように，必ずしもストーリー・メッセージの説得効果の方が大きいというわけではなさそうです。

しかし，ストーリー・メッセージと論理的メッセージは，別々に提示する必要はありません。現実には，受け手に納得してもらうために送り手が使うことのできる手段は存分に使った方がより多くの説得効果を得られると期待できます。それならば，ストーリー・

メッセージと論理的メッセージのいいとこ取りをした方が，より効果的になると考えられます。実際，ビランジックとバッセル（2013）も，両者を分離することはできないと指摘していますし，日常的に受け手と対面して説得する場合には，ストーリー的な要素が入りやすくなると考えられます。

例えば，ヴァレーラ（1971）は，認知的不協和理論（私たちが論理的に矛盾のない形で行動しようとするというフェスティンガー（1965）の提唱した理論）と心理的リアクタンスに基づいて，自分（メアリ）のパートナーに人間ドックを受診させることを促すために，夫（ジョー）と親友との会話を紹介しています（今井（2006）参照）。そこでは，ジョーの健康に関するエピソード，あるいは，ビルという友人のがんのエピソードも取り上げられていて，ストーリー的要素が含まれています。対面で人を説得する際には，144-147 ページに掲げたような説得メッセージ的に受け手を説得しようとすることはほとんどなく，ジョーと親友との会話のようにストーリーが含まれやすくなります。したがって，対面で人を説得する際には，論理的説得メッセージとして使える情報（客観的な証拠，データ）と共に，送り手の主張に関連する具体的な事例，エピソードも含めた方が提示しやすいということです。

●説得的ストーリーの作り方

それでは，実際に説得メッセージとしてのストーリーはどのように作っていったらよいのでしょうか。ストーリーに含めるべき構成要素に関する研究は，まだ行われているとは言いがたい状況ですが，以下のような点をおさえながら作っていくことが考えられます。

(a)　事例に基づいたノンフィクションを作る　説得におけるストーリー・メッセージというのは，荒唐無稽なフィクション（空想物語，作り物）ではありません。事実や事例に基づいたノンフィクションです。もしくは，ノンフィクションに見えるような典型例です。説得テーマに関連して送り手が受け手に伝えたいことが，実際に生じたという事実がストーリーにおいては重要なことです。事実に基づかない，嘘くさいストーリーを聞かされたら，受け手は送り手を信頼せず，その内容に耳を傾けようとはしないでしょう。

(b)　説得テーマと主張点を決める　これは論理的メッセージにおいても同様ですが，説得の目的，すなわち，受け手にとってもらいたい判断や行動をあらかじめ明確にしておくということです。具体的には第１章で見たように，受け手自身の抱える（健康上の）問題点の解決，受け手が原因となっている迷惑行為の解消，特定の主義主張や価値観の支持を促すことなどがあげられます。

(c)　登場人物（主人公）を決める　ストーリーに登場する人物，その中でも主人公を決めます。主人公については，受け手の属性（年齢，性別，境遇など）に類似していて，受け手が親近感をもてるような存在を設定します。その方が，受け手の自我関与度，ストーリーへの没入度も高くなると考えられます。

(d)　エピソード（出来事）を集め，結末を考える　説得テーマに関連する，エピソードを複数集めてきます。主人公がどのような行動を取ったら，どのような結果が得られたのか，その因果関係がわかるように記述します。また，エピソードのようすが受け手の五感で感じ取れるように，視覚，聴覚，嗅覚，味覚，皮膚感覚を刺激するように具体的に記述していきます。特に，視覚情報（静止画，動画など）を用意するのは効果的です。複数のエピソードを用意した場合には，時間的な流れにも注意しながら，どのようにエピソードを配列すればよいかについても考えます。

そして，最終的にどのような結末にして，受け手の記憶に残るようにするかも考えます。小話のオチのようなものを設定し，受け手の腑に落ちるような結末にしたり，感動的な最後にしたりすることが考えられます。

(e)　送り手の意図が受け手に伝わるように作る　ストーリー・メッセージの長所の一つは，受け手にとって，説得されているという感覚の小さいことです。しかし，送り手が受け手に伝えたいことは，しっかりと受け手に伝える必要があります。上記の主人公のエピソードを通じて，主人公が送り手の望む行動を取ったために望ましい結果が得られたことを記述していきます。

(f)　ストーリーのパターンを考える　ストーリーのパターンとして，代理体験（事例）型，対比型，感動型などを挙げることができます。**代理体験型**は，いわゆる事例紹介であり，受け手と同じような境遇にいる主人公がどのような行動を取った結果，どのようになったか，その主人公を通して受け手に代理体験させるパターンです。対比型は，さらに送り手の望む行動を取らなかった別の主人公に関するエピソードも加え，2つに事例を比較して，どちらが望ましいかを受け手に判断させるパターンです。そして，感動型は，紆余曲折を作ったり，受け手の予測をくつがえすような筋（プロット）にしたりして，受け手をストーリーに引き込み，最後に受け手の心を動かすような結末を用意するパターンです。例えば，主人公が努力しても一旦は目標から遠ざかってしまったが，機転を利かせて努力した結果，首尾よく目的を達成できたというような筋書きが考えられます。

このように，ストーリーのパターンを意識しながら作っていくと，エピソードの収集やその配列をする際に考えやすくなります。

●記憶されやすいストーリー・メッセージの作り方

受け手に伝えられたストーリーは，できるだけ受け手の記憶にとどまるようにして，受け手が送り手の設定した説得テーマについてよく考え，送り手の望むように判断し，行動してもらう必要があります。その記憶を増進させるための方策をヒースとヒース（2007）がまとめています。彼らは必ずしもストーリーだけについて述べているわけではありませんが，次の6つが私たちの記憶に残りやすくさせる要因であるということです。すなわち，（内容が）簡単であること，意外性があること，具体的であること，（詳細で）信頼できること，感情を揺さぶるようなものであること，そして，受け手に関心のあるストーリーです。彼らのあげたポイントをもう少し詳しく見ていくことにしましょう。

まず，受け手に伝えたいアイディアの重要な部分を見つけ，それをすぐ覚えられるように，短い簡単な形で表現します。例えば，格言，ことわざ，アナロジー（類推）などのような形で表現します。

次に，その核となるアイディアと関連づけるように，受け手に驚きを引き起こしたり，興味を持たせたりするように，ふだんありがちなパターンを壊すような表現にします。

第三に，そのアイディアを具体的なエピソードで記述します。事例紹介的に，いつ，誰が，どこで，何を，なぜ，どのように行ったのか（5W1H）を記述します。

第四に，その具体的事例とも関連するのですが，記述の信頼性が高まるように，生き生きと詳細に記述します。可能であれば，その場で実際に受け手に考えさせることも効果があります。具体的であればあるほど，信頼性が増します。

第五は感動です。ある特定の個人に焦点を当て，受け手の興味や関心に関連させるように記述していきます。気持ちを動かされる内容であるほど記憶されやすくなるということです。

最後に，ストーリーです。登場人物がある問題に挑戦し，他者とのつながりの中で，今までにない創造的なやり方でその問題を解決するような筋にすると，受け手の記憶に残りやすいストーリーとなります。この最後の部分は，上記で述べてきたストーリー・メッセージと重なる部分です。ヒースらもストーリー形式の情報が記憶されやすいことを指摘しているというわけです。

●視覚的説得

さらに，対面で受け手に言葉だけで情報を提供するのではなく，画像を提供することも効果的な方法です（ブレア，1996）。最近では，国会議員も予算委員会の質疑に立つ際に，質問内容に関連する図表を載せたボードを用意しています。あるいは，朝夕のニュース番組において，キャスターがニュースの内容を説明する際にもボードが活用されています。人間は，単に耳から入る音声情報だけでなく，目から受け取る視覚情報もあった方が，理解が進むからだと考えられます。各種プレゼンテーションにおいてマイクロソフト社のパワーポイントが利用されているのも同じ理由でしょう。

しかも，現在は，パソコン，スマートフォンのカメラ，プリンタ，ネット上の視覚情報などにより，以前よりも視覚情報，あるいは視覚刺激を作成することが容易になりました。したがって，可能な限り，視覚情報も用意して受け手を説得することを考えてみることです。

メッサリス（1997）によれば，視覚情報には3つの機能があるということです。アイコン化（iconicity），実写化（indexicality），そして，論理の非明示性（syntactic indeterminacy）です（図15）。アイコン化とは，画像を通してある概念を表現することができ，それを受け手がすぐに理解可能であるということです。図15の（a）を見ると，多くの人は，それが太陽であると認識できます。多くの人は太陽とはどのようなものであり，それをどのように画像として表現できるかに関する知識（スキーマ）を共有しているからです。スマートフォンにはそうしたアイコン化されたイラストの食べ物，動

（a）アイコン化
このイラストから多くの人は，太陽が表現されていると一目見て理解できます。

（b）実写化
画像を通して，実際に生じたことを理解することができます。この場合は，ある店の前に多くの客が並んでいたことを知ることができます。

（c）論理の非明示性
画像が複数並んでいても，その関係性を示す矢印や説明などがなければ，画像間の論理的関係性を理解することはできません。

図 15　メッサリス（1997）の指摘した，視覚情報の 3 機能

物，人間の表情の画像が多数用意されています。

第二の実写化は，写真や動画を通して，現実，事実を表現できるということです。「百聞は一見にしかず」ということです。月面の足跡の写真や月面を宇宙飛行士が歩いている動画を見せれば，人類

が地球に降り立ったことを示すことができるということです（ただし，現在では，映画に見られるように，高度な CG 技術がありますので，静止画や動画が存在するからといって，必ずしも存在の証明にはならないことにも注意する必要があります）。

第三の論理の非明示性というのは，画像だけではものごとの論理性（因果関係，包含関係対比，等価など）を表現しづらいということです。あるスポーツジムの利用前後の体型写真を並べても，両者の因果関係を写真だけで表現することはできないということです。それらの写真に矢印を付けたり，利用前，利用後という言葉を足したりすることによってその因果関係をわかりやすくすることはできますが，写真だけではわかりにくいということです。

最後の論理の非明示性については，説得メッセージの観点からすると，困った特性になりますが，最初の 2 点については，活用できることです。説得メッセージのテキスト（文字）だけでなく，それを画像化して，受け手の理解を助ける工夫ができるということです。本書の図においても，一目見てわかるようにアイコンを使用しています。

●トピック２　受け手に示す 非言語的コミュニケーション

第６章では，説得メッセージの作り方についてみてきました。対面状況で説得を行う場合には，それだけでは足りない部分があります。それは，説得メッセージをどのように伝えるか，相手とどのような距離を保つか，どのような身振り手振りを使うことが，説得にとって効果的なのかなどという，非言語的コミュニケーション（nonverbal communication）の側面です。ここでは，それについて触れておきたいと思います。

●非言語的コミュニケーション

非言語的コミュニケーションとは文字通り，言葉によるコミュニケーション以外のコミュニケーション部分を指しています。具体的にはどのようなものが含まれるのでしょうか。狭義には，**非言語的行動**（nonverbal behavior）と呼ばれ，顔の表情，視線，身体的言語（body language。身振り手振り，姿勢，手脚の動きなど），タッチングが含まれます（バロンとバーン，1994）。広義には，その他に対人距離，発声（声の大きさや高さ，話す速さ，話し方など），さらには，化粧，服装，持ち物なども含まれる場合があります（ヒクソンら，2004）。

人と対面した際に，最初に目が行くのが相手の顔でしょう。顔の表情については，エクマンとフリーセン（1987）が表情筋に注目し，驚き，怒り，恐怖，悲しみ，嫌悪，幸せ（ハッピー）という６つの情動状態に対応した顔の表情を分析しています。つまり，相手の顔の表情から相手の情動状態を推測することができるということです。ただし，必ずしも正確ではなく，驚きと恐怖の表情は混同されやすい傾向があります。

相手と対面すると，ときどき**視線**を合わせます。相手に適度に視線を送り，視線の合うこと（視線交差）が相手に対して好意的な態度を持っていることを相手に伝えます。話の内容に合わせて相手の目をじっと見つめることは，さらなる関心や好意を伝えることになりますが，話の内容に関係なく，じっと睨（にら）み続けることは，逆に敵意や怒りを示すことになります。また，相手と視線を合わせなかったり，ずっと下を向いていたりすると，話の内容に関心がないことや自信のなさが相手に伝わってしまいます。

相手との会話内容に合わせ，身体の動きも伴ってきます。その動きに意味を読み取ることができるために，**身体的言語**と呼ばれます。身体的言語には，**身体の姿勢**（例えば，少し背もたれにもたれ気味で手脚を広げた，開いた姿勢，あるいは，前かがみになり両脚を閉じ，両手を組んだ，閉じた姿勢），**セルフ・タッチング**（頬や髪の毛を所在なく触ったり，両腕を組んだりする），**ジェスチャー**（話の内容に合わせて手で空間に形を作ったり，電話をしているしぐさをしたりする。人差し指と中指を立て，掌側を外に向けて作るピースサイン），**手脚の動き**（意味なく脚で貧乏揺すりしたり，指で机をとんとん叩いたりする）などがあります。

全体的に開いた感じの姿勢は自信のあるようすを示し，逆に，閉じた姿勢やセルフ・タッチング，貧乏揺すりなどは，自信のなさ，いらいら感などが示されていると解釈されます。ヴァチャクルクセムスクら（2016）は，恋愛関係の初対面において，性別に関係なく，閉じた姿勢よりも開いた姿勢の方が，相手から好意的に評価される傾向にあることを見出しています。

また，親しい間柄では，**対人距離**が短くなり，相手に**タッチング**する（触れる）ことも可能となります。親しさの程度，性別にもよりますが，話をしながら，相手の肩をポンと軽く叩いたり，腕に軽く触れたりすることがあります。そうしたタッチングにより，相手に対する好意的な気持ち，相手をいたわる気持ち，相手に対する自分の優位性や攻撃性などを示すことになります。

相手と対面する場合は，両者の距離も問題となります。双方にとって心理的に最適な距離というものが存在し，それは，両者の親しさに応じて変わってきます。一般に親しくなるほど，距離が短くなっても不快には思わなくなります。ホール（1970）は，対人距離を4つに分類し，その境界となる距離として0cm〜（親密距離）〜50cm〜（個人距離）〜1.2m〜（社会距離）〜3.5m〜（公衆距離）を設定しています。文化の違いや性別によっても多少の変動はありますが，参考になるでしょう。

非言語的コミュニケーションには，言葉の内容によるコミュニケーション以外のすべての側面が含まれます。そのため，発声に関わる側面，つまり，声の大きさ，質，高さ，話し方の流暢（りゅうちょう）さ，速さなどは非言語的コミュニケーションに関わる情報となります。小さい声や言いよどみの多い話し方，「え〜」とか「ま〜」といったような意味のない発声の多用は，自信のなさ，恐縮しているようす，あまり考えていないことなどの表れと解釈されがちです。話す速さが早い場合は，頭の回転が速いと判断されることもありますが，緊張してそうなっている場合もあります。

最後に，服装や化粧・アクセサリー，髪型，持ち物などから，その人に関連する情報を読み取ることができます。すなわち，社会経済的な地位の高さ，（おおよその）年齢，流行への関心度と追随性，ファッションへの好み，趣味の種類，セルフ・モニタリングの程度（周囲の状況にふさわしい格好をしたり行動を取ったりしているかどうか。スナイダー（1974））などについて知ることができます。

●説得で必要とされる非言語的コミュニケーション

こうした非言語的コミュニケーションに関わる情報を説得時にどのよ

うに活用することができるでしょうか。説得場面において求められることは，既に序章で指摘したように，受け手との良好な関係を築いておくことです。そのために必要なのは，受け手が送り手との類似性も感じることができるようにすることです。そうしたことを促す非言語的コミュニケーション，そして，避けておいた方がよい非言語的コミュニケーションについて概観しておきましょう。

(a)　すべきこと（もしくは，した方がよいこと）

- 受け手が送り手に対して好意的な気持ちを持つように，基本的には**笑顔**で接し，必要に応じて真面目な，真摯な顔つきを保ちます。笑顔は，自然な笑顔を作れるように，口の口角を上げ，目も穏やかな表情になるように練習します（重太，2013）。
- 受け手にとって快適な**対人距離**を維持します。適切な距離は，受け手との対人関係（初対面，単なる知り合い，仕事上の同僚，上司―部下，親子，恋人など）によって変わって来ることに注意します。通常の知り合いであれば，1.2～2.5m ぐらいを維持します。
- 受け手と立ちながら話をするより，受け手がよりリラックスできるように**座って対話**する方が説得効果のあることをペティら（1983）は見出しています。
- 机に座る場合は，**対面**もしくは**角を挟んだ斜め**（その場合も適切な距離を維持します）に座ります（神山ら（1990）の実験では，対面，斜めの方が横に座った場合よりも説得効果の大きいことが確認されています）。
- 受け手に関心を持っていることを示すために，自分の**身体の向き**に注意し，胸の面と臍（へそ），足先をしっかり受け手に向けます（ドライヴァー，2010）。
- 自分が話している間，もしくは相手の話を聞いている間，適度な時間，間を取りながら，相手に**視線を送り**，ときどき相手と**視線を交差**させます。笑顔を作りながら視線を送るのは，好印象を持ってもらうのに効果的です。

- 身体全体は，閉じた姿勢よりは，**開いた感じの姿勢**を維持します。すなわち，やや後傾ぎみで，掌(てのひら)を上に向けたり，腕を左右に広げたりし，（男性の場合）脚は開き気味にします。
- 受け手に聞き取りやすい**音量**，**声の高さ**，**話す速さ**，**間の採り方**を心がけます。口を大きめに動かして，発声音が口内にこもらないようにすることも大事です。
- **話す速度**は速すぎず，受け手が理解しやすいように，ややゆっくり目（1分間に300文字ぐらい）に話します（藤原，1986，矢野，2014）。
- 受け手と同じ程度の元気度（あるいは，落ち着き度）を心がけ，両者の波長が合うようにします。
- 受け手の動作を意図的にまねること（ミラーリング。受け手が微笑んだら，こちらも笑ったり，飲み物を飲んだら，こちらも飲んだりすることをさりげなく行う）は，受け手との類似性やその場での一体感を形成し（バーヴェラスら，1986），受け手から好意的に思われたり，受け手とのポジティブな心理的な関係（ラポール）を築くのに効果的なようです。ただし，ミラーリングすることが説得効果につながるとは言えないようです（ファン・スウァル，2003）。

（なお，ミラーリングと似た概念として**行動的模倣**（behavioral mimicry）もあります。これは，相手のジェスチャー（手の動き），姿勢，癖などを自動的に（意識せずに）まねることで，**カメレオン効果**（chameleon effect）とも呼ばれています（チャートランドとバージ，1999）。カメレオンが周囲の状況に合わせて体色を変えるように，人が周囲の社会的状況に溶け込むように自分の行動を変えているからです。

チャートランドとレイキン（2013）の総覧研究によれば，まねをされた個人は，（まねをした）他者に対する好意度が高くなり，共感的になり，援助するようになり，親近感を覚えるようになるということです。）

- （効果的な非言語的コミュニケーションを送ることができるように，そして）話の内容を円滑に受け手に伝えられるように，**話すべきポイント**，**話す順序**を事前に確認し，練習しておきます。
- 上記の多くの点は，自分では**モニタ**しきれませんので，自分が他者と対話しているようすをビデオ撮影して自分でチェックしたり，知り合いにチェックしてもらったりすると，非言語的コミュニケーションのスキルを向上させることができます（その際，ドライヴァー（2010），ナヴァロとカーリンズ（2010）の書籍は参考になります）。

(b) すべきではないこと

- 相手に**視線**を向けすぎるのは，相手に関心を持っているというよりも，敵意と受け取られたり，不快感を持たれたりする場合がありますので，注意が必要です。
- 対話の内容に影響を受けて，所在なく両手を組んだり，ペンを弄（もてあそ）んだり，自分の顔や髪の毛を触ったりするのは，緊張していると受け手に思われやすいので，自重します。
- 話の内容と合致しない，**不要な手脚の動き**は自重します。特に，受け手の注意が向いてしまいがちな（その分，対話の内容に注意が向かなくなります），頻繁な手の動きや貧乏揺すりはやめます。
- **意味のない言葉の発声**も自重します。
- 第8章で扱う**交渉場面**においては，交渉中に自分の緊張や焦りなどが相手に悟られないよう，不快感を（自分で）なだめるような行動（adaptor。首や顔に手で軽く触れたり，膝をこすったりする）に気を付ける必要があります（エクマンとフリーセン，1969；ナヴァロとカー

リンズ，2010）

(c) 制御焦点に合った非言語的コミュニケーション　場合によっては，受け手の個人的特性が事前にわかっている場合があります。その場合には，受け手の特性に合わせた働きかけ方が効果的になると考えられます。

そうした個人差の一つとして，ヒギンズとシルバーマン（1998）が提唱した**制御焦点**（regulatory focus）があります。制御焦点理論では，人のものの捉え方に大きく2通りあると考えられています。**促進焦点**（promotion focus）的な人は，目標を希望，願望として捉え，課題を遂行するにあたり，熱心に前向きに進めていこうとします。それに対して，**抑制焦点**（prevention focus）的な人は，目標を義務や責任として捉え，課題を慎重に用心深く行う傾向があります。そして，自分の制御志向性に合う形で課題を行うことができる場合，**制御適合**（regulatory fit）となると考えます（制御適合理論。ヒギンズ，2000）。

セサリオとヒギンズ（2008）は，この制御適合理論の考え方に基づいて，学童保育の新制度導入を説得テーマにして，非言語的コミュニケーションの効果性を明らかにしています。その結果，促進焦点の受け手に対して，送り手が**活発的**（eager）非言語的コミュニケーション・スタイルで説得メッセージを伝えた場合，受け手はその説得メッセージを好意的に評価するようになりました。逆に，抑制焦点の受け手に対しては，**慎重的**（vigilant）非言語的コミュニケーション・スタイルの方が効果的でした。

活発的非言語的コミュニケーション・スタイルとは，話しながら掌（てのひら）は上に向け，開いた感じで大きく手を動かし，やや前傾姿勢で，身体は速めに動かし，やや早口で話すことです。他方，慎重的非言語的コミュニケーション・スタイルとは，話しながら掌を下に向けて，下方を押すように手を動かし，やや後傾気味で，ゆっくりと身体を動かし，ゆっくり目に話すことです。

その後，セサリオらの研究に触発されたジャックスら（2015）は，非言語的コミュニケーション・スタイルとメッセージのフレーミングとの適合性について検討しています。彼らは，日常の運動の推奨を説得テーマに設定しました。その結果，制御適合理論の予測通り，利得フレーミングと活発的非言語的コミュニケーション・スタイル，損失フレーミングと慎重的非言語的コミュニケーション・スタイルとが制御適合となり，その場合は，非適合パターンの場合よりも説得効果の大きいことが見出されました。

これらの結果に基づけば，受け手の制御焦点のタイプやメッセージのフレーミング・スタイルと制御適合になるような非言語的コミュニケーション・スタイルを用いた方が，受け手に対する説得効果が高まる可能性があるということです。

第7章
送り手の影響力の増進
――効果を上げる6つの要因

前章までの注意点に基づき，受け手に働きかけたところ，受け手が送り手の要望や考えに納得してくれたということであれば，送り手としての目標が達成されたことになり，今回の説得はその時点で終了となります。しかし，受け手に説得メッセージを伝える状況に配慮し，事前に説得メッセージを準備し，高圧的にならないように物腰柔らかにそれを伝えたけれども，受け手の納得を得られないということもあります。

送り手としては，自分の目標がまだ達成されていないので，この時点で諦めることはできません。その場合はどうしたらよいのでしょうか。もうなす術はないのでしょうか。

●社会的影響力とは

その答えの一つは，送り手が社会的影響力（social power）を持つことで，第六の鍵となります。社会的影響力とは，社会的勢力，社会的なパワーとも言われるもので，他者の考えや行動，感情に影響を与えることのできる（送り手の持つ）能力です。社会的影響力というと少々長い表現ですので，これ以降は，他者に対して持っている影響力という意味で「影響力」という言葉を使うことにします。

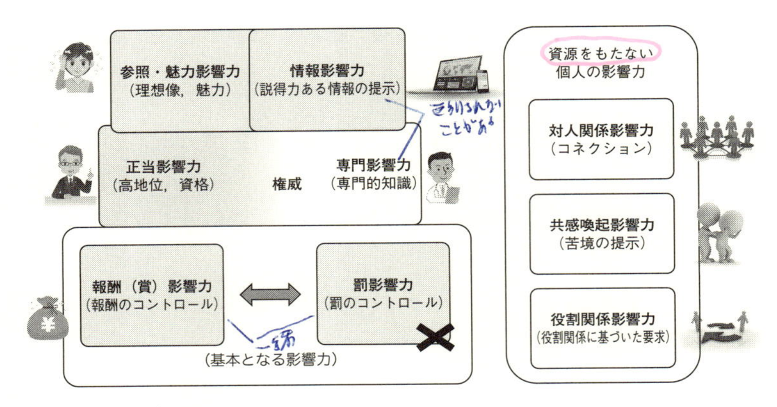

出典：今井（2010），図 1-1，p.24

図 16　社会的影響力（パワー）の種類と相互関係

影響力にはどのようなものがあるのでしょうか。私たちが，受け手としてどのような人からの影響を受けやすいかを考えてみると，対人的な影響力の内容を理解しやすいかと思います。

フレンチとレイヴン（1962），レイヴン（1965）によれば，影響力には 6 種類あります。すなわち，報酬（賞）影響力，罰（強制）影響力，専門影響力，正当影響力，参照・魅力影響力，そして情報影響力です（今井，1989，1993，1996，2010）。これらの関係性は，図 16 のように示すことができます。これからその一つひとつを見ていくことにします。その上で，それらの影響力と説得との関係性について考えていくことにしましょう。

●報酬影響力

例えば，大学生（送り手）が休んでしまったときの授業のノートを友人に見せて欲しい欲しいと頼んだとします（これは，説得というよりは依頼と言った方がよい働きかけです（今井（1991，2005）参照））。友人はその授業が興味深く，結構，努力してノート作りをしていたので，友人とは言え，簡単に見せるのは少々躊躇していて，一つ返事では見せてくれそうにありません。そこで，送り手の方は，「じゃあ，明日のランチおごるから，お願い」というように，友人にとって魅力あるものと交換に，ノートを見せてくれることを再度お願いします。それを受けて，友人がノートを貸してくれたとします。

このとき，送り手は，自分の望むように友人の行動に影響を与えることができたことになり，送り手にはその友人に対して影響力があったということができます。そして，この場合の影響力の背景にあったのは，友人に対する報酬となったランチです。報酬という資源（resource）を持っていることによって，友人（受け手）の行動に影響を与えることができたので，送り手には報酬影響力があったということができます。

このように，受け手にとって報酬となるものを保持し，それと交換することを約束して（あるいは，約束をほのめかして）受け手の行動や意思決定（判断）に影響を与えることのできる場合，送り手は報酬影響力を持っているということができます。言い換えれば，受け手にとって報酬を持っていることが影響力になるということです。

ただ，報酬影響力を使おうとする場合，送り手は，次のようなことを判断しなければなりません。

(a)　受け手にとって報酬となるものは何か？ 今回の働きかけで最適な報酬は何か？　先の例で言えば，ランチが報酬にあたるわけですが，友人にとってランチが手頃な報酬になると送り手は考えたと言えます。他にも，現金，ディナー，映画チケット，文具などいろいろなものが考えられますが，それらのうち，どれが今回の働きかけで効果的かを判断する必要があります。しかし，残念ながらどのような状況で何がいちばん最適化をあらかじめ提示することはできません。送り手となった場合に，個々の状況，受け手に応じて報酬の種類を判断していくしか方法はありません。

(b)　どのくらいの量の報酬を受け手に提示すればよいか？

報酬の種類を選ぶことと共にむずかしいのが，その報酬をどのくらい用意すればよいのかという問題です。食事をおごると言っても，ランチなのか，もう少し値の張る夕食なのか，飲みに行くのを招待するのかということです。金額に換算すればいくつかの段階があり，その中から最適なものを選ぶ必要があります。報酬が少なすぎれば，受け手が応じてくれる可能性は低くなり，逆に多すぎれば，送り手にとってコストパフォーマンスが悪くなります。受け手にとって，報酬が少なすぎる場合は，自分を馬鹿にしているのかと思ってしまうかもしれませんし（もちろん，人によっては，困ったときはお互い様ということで無償で快く応じてくれるかもしれません），多すぎる場合は，受け手の心理的負担が大きくなってしまうかもしれません。

(c)　その報酬をどのタイミングで受け手に渡すか？ 送り手が受け手にお願いをする前かそれとも後か？　先の例では，ノートを貸してくれることを受け手に頼み，ノートを貸してくれたらランチをおごるというように，頼んだ後に報酬を渡すという状況でした。多くの場合，このパターンで報酬を受け手に渡すでしょうが，事前に報酬を渡しておくこともできます。その際は，受け手をあらかじめよい気分にしておくこと，受け手の返報性の反応を期待して，送り手の望む行動を受け手にとってもらうよう誘導していると言えます。その意味で，少々戦略的です。

誰でも自分にとって報酬となるものを渡されれば喜び，よい気分になると思います。人は，よい気分になると，悪い気分の時より，周囲の状況や提示された情報についてよく考えずに，ものごとを判断しがちになります（ボーナーら，1992）。

そこに返報性の原理が付け加わります。あらかじめ送り手から報酬をもらってしまうと，それにお返しをしなければならないと考えやすくなり，頼みごとに応じてしまいやすくなります。

●罰影響力

報酬影響力と逆のパターンが罰影響力です。先の例に当てはめれば，「もし今回ノートを貸してくれなければ，今後，（受け手が）自分（送り手）にノートを貸して欲しいことになってもノートを貸さない」と伝えるというやり方です。ノートを貸さないという罰を与えるという警告です。この場合は，ノートという報酬を与えないという意味での罰ですが，受け手が嫌がるもの（罰）を与えるという方法もあります。例えば，（現実的ではないのですが）今後，受け手を無視するという精神的苦痛，あるいは，殴るという身体的苦痛を与えるというやり方です。

罰の場合も，報酬と同じように，送り手は，罰の種類や量の選択，罰を与えるタイミングについてあらかじめ決めておく必要があります。ただし，罰の場合は，報酬とは異なり，受け手の大きい反発が予測されます。罰を用いて，受け手の行動を強制的に変えようとすることになるからです。したがって，人を説得する際には，罰影響力を用いることは避ける必要がありますが，ここでは，影響力の一つの種類として紹介しておきました。

●賞の獲得と罰の回避

なぜ，報酬や罰が影響力の基盤（源泉）となりうるのでしょうか。それは，私たちが報酬を求め，罰を避けるようにプログラミングされているからです。そのことに目を向け，報酬や罰がどのように私たちの行動に影響を与えているかを明らかにしたのが，スキナーを始めとする行動主義の心理学者です。報酬や罰は私たちの行動パターンに影響を与える大きな要因の一つです。

例えば，試験勉強のために3時間後，3日後，6日後というように4回，同じ内容を勉強したら，結構よい点数がとれたとします。皆さんならその後，どのように勉強するでしょうか。そのような同じ点数をまた取ろうと思い，同じような勉強の仕方をすると思います。ここに，報酬の力が現れています。ある行動を取って，その直後に報酬が得られると，私たちはその行動を繰り返すようになるのです。それは報酬を得たいと思っているからです。同じように，ある行動を取って罰を得ると，その行動を繰り返そうとはしなくなります。罰を回避したいからです。報酬と罰は私たちの考え方や行動に影響を与える大きな要因なのです。

こうした意味で，報酬や罰は影響力の中でも基本的な影響力と言えます。この後，他の影響力も紹介していきますが，それらの根本は報酬や罰に関連していると考えることができます。そのために，図16においては，報酬影響力，罰影響力が基礎部分として図の下部に配置してあります。

●専門影響力

報酬と罰が別の形で現れているのが，残りの4つの影響力です。まず，専門影響力から見ていくことにしましょう。例えば，家電量販店に知り合いの店員がいて，家電製品を買うときには面倒を見てもらっているとします。そのような場合，その店員がいろいろとブランド（銘柄）の違いや製品のグレードについて説明してくれ，自分の予算に合った製品を勧めてくれると，それを買おうという気になりやすいと思います。このとき，店員が持っているのが専門影響力です。家電製品については自分よりも最新の情報と多くの専門的知識を持っていて頼りになると思っているからです。

専門影響力とは，ある領域において専門的知識や技能を身につけていることによって，人に影響を及ぼせることです。いわゆる，専門家と呼ばれている人たちが持っているとされる影響力です。上記のような，各種店舗の販売員，医師，弁護士，研究者などは，専門影響力を持っていると言えます。

これらの専門家の中でも，販売技能コンテストで優勝した店員，専門医や指導医の資格を持っている医師，学会賞やノーベル賞を受賞している研究者などは，その分野での**権威者**（authority）として周囲の人たちから一目置かれる存在となります。専門影響力と次に述べる正当影響力とが合わさった形で，それぞれの専門分野の「権威」となります。言わば，専門家中の専門家という存在になり，より大きな影響力を持つことになります。

●正当影響力

コンテストでの優勝や国家資格の取得によって，特定の地位が公に認められたことになります。そうした高地位にいることが影響力の根拠になっている場合，正当影響力を持っていると表現されます。

正当影響力を理解するのにわかりやすいのは，官公庁や企業のような組織です。組織においては組織図が作られていて，各部署のつながり，そして部署内での構成員の地位関係が決められています。一般的には組織内の規則によって，上司からの働きかけに対して部下はしたがうことが期待されています。

組織においては，地位の上の人が下の人に対して影響を及ぼすことができるというルールがあり，下の人はそうしたルールを受け入れています。このような場合，高地位者が低地位者に対して持っているのが正当影響力です。組織内の地位に基づいて，正当に影響を及ぼすことができる能力という意味です。

こうした影響力の根拠となるのは，地位の他にも，既に述べた公的な資格の取得，年齢や在籍年数などがあります。芸能界では，年齢に関係なく，一日でも早く芸能界入りした方が目上であり，目上の言うことには従わなければならないようですが，この場合，目上が持っている影響力は正当影響力となります。

低地位者にとって，高地位者からの影響にしたがうことは，そうすることが当然と考えている面もあるのですが（この部分は正当影響力です），その背景には，高地位者からの影響にしたがうことによって，自分に有利になること（報酬）が生じてくるという面もあります。例えば，上司からの評価が高くなる，結果として業績が上がるなども生じてきます。逆に，上司の意向に沿わなければ，昇進の停滞といった罰を受けてしまうかもしれません。正当影響力にしたがって行動することが，その背後には，報酬影響力，罰影響力も関連していると考えることができます。

また，正当影響力は，目下の人が目上の正当影響力を認めている限りにおいては，目上はかなり強大な影響力を持つことができます。戦国時代の大名は，その意味で目下の命までも左右できるほどの正当影響力を持っていたと言えます。

しかし，低地位者が一度，高地位者の正当影響力を認めなくなれば，正当影響力は忽然（こつぜん）と消え，低地位者はその高地位者からの影響に従おうとはしなくなります。今まで見てきた報酬影響力や罰影響力，専門影響力においても，送り手の持つ報酬や罰，専門性を受け手が認めない限り，送り手は影響力を持てません。正当影響力の根拠は，送り手の方が受け手よりも上位にいるという認識だけですので，それだけもろい影響力とも言えます。技能コンテストや国家資格なんて意味がないと思っている受け手に対して，いくら優勝したとか資格を持っていると言っても，正当影響力を持つことはできません。

正当影響力は，強大な影響力を持てる一方で，受け手の認識一つで消失してしまう可能性のある影響力と言えます。

●参照・魅力影響力

それに対して，一度確立されるとなかなか消えにくいのが参照・魅力影響力です。皆さんにとって理想となる人物がいるかと思います。「将来，このような人物になりたい」と思うような人物です。皆さんが関心を持っているスポーツとか文芸，科学，経営，芸術などの分野で活躍している人がそうかもしれません。

例えば，大学を卒業するにあたり，これから一旦企業に就職して，組織の仕組みを身につけるべきか，それとも今ここで起業して自分の会社を作っていくべきかを判断しなければならないときに，「あの人ならどう考えるだろうか」と，自分にとって経営の神様と慕っている人物の考え方を参照する場合です。そして，「その人ならこう判断するに違いない」と自分なりの推測に基づいて，理想像となる人物から間接的に影響を受けることになるので参照影響力と呼ばれています。

このとき，参照影響力を持つ，理想像となっている人は，正当影響力の場合とは異なり，受け手に「こうしなさい」と直接働きかけているわけではありません。言わば，受け手の方が勝手に影響を受けているという状態です。その意味では，今までの影響力の形態とは異なるものです。

今までに紹介した影響力と同じ形態で，参照影響力に関連するものとして魅力影響力をあげることができます。自分にとって理想像となる人は，魅力的な属性を備えていて，魅力的な存在でもあります。受け手からすれば，好感度の高い存在です。そのように魅力的な送り手から働きかけられた場合は，そうでない送り手の場合よりも，受け手は応諾しやすい傾向にあると考えられます。そうした魅力に基づく影響力として魅力影響力を考えることができます（ショー，1981；今井，1996）。本書では，両側面を併せて，参照・魅力影響力と呼ぶことにします。

この場合も，背景には，報酬や罰が関係しています。理想像の考えを参照することが結果的には自分にとって望ましい結果（報酬）がもたらされる傾向が高くなります。また，自分にとって魅力的な存在である送り手からの働きかけに応じること自体が，受け手にとって報酬になると考えられます。

●情報影響力

情報影響力は，先に紹介した専門影響力と関係する影響力です。専門影響力の場合は，一度，専門家であると受け手から認識されれば，他の状況においてもその専門家としての影響力が消滅することはなく，引き続き影響力を保つことができます。

では，専門家でない人は，いくら関連する知識，情報，技能を持っていたとしても，影響力を持ち得ないのでしょうか。そのようなことはありません。インターネットの発達した現代であれば，素人であっても，効果的な検索によって，専門家顔負けの情報を手に入れることは可能です。専門家ではないけれども，有用な情報を持ち合わせていて，そのために受け手に影響を与えることができる場合をレイヴン（1965，1992）は，情報影響力と呼んでいます。したがって，ある場面で情報影響力を発揮できたとしても，別の場面ではそうではないというように，専門影響力ほど汎用性はないものとして捉えることができます。

●説得のための影響力

以上，6つの影響力を見てきました。社会的影響力の背景には，報酬や罰，専門的知識というような資源を持っていること，高い地位に就き，それを受け手が認めてくれていること，受け手から理想像として認識されていたり，魅力的な存在であったりすることがあるということです。それでは，説得において受け手の応諾を促すために，これらの影響力をどのように活用できるのでしょうか。

既に受け手に何らかの説得を行い，それがうまく行かなかったという状況ですので，その後，どのように2度目の説得を行うかということになります。一つの方法としては，送り手自身の影響力を高めてみるということです。

まず，考えられるのは，**専門性の増進**です。説得テーマに関連する専門的な知識や情報をさらに増やすことです。受け手から専門家として認識されることを目指すというよりは（それを否定するものではありませんが），情報影響力的に有用な情報を提示できるように努力するということです。

また，送り手としての**参照・魅力影響力**や**正当影響力**を高めることも考えられますが，これらの影響力は一朝一夕には身につけることはできません。受け手との長い関係性の中で受け手に培(つちか)われていくものなので，長期間かけて受け手に働きかける場合に有効となります。

残るのは報酬影響力と罰影響力ですが，報酬や罰を影響力とするのは，できるだけ避けた方がよさそうです。それらは，報酬や罰を用いて，有無を言わさず受け手に影響を与えようとすることになり，「北風と太陽」で言えば「北風」的なやり方だからです。影響力を用いる場合は，上記のようなソフトな影響力を用いることでしょう。

●影響力のない場合の対処法

それでは，自分に影響力が乏しい場合，受け手に報酬や有益な情報を提供できない場合はどうしたらよいのでしょうか。実は，そうした資源を保持していない場合であっても，影響力を持つことができます。それが図16の右側に提示してある3つの影響力です（今井，1996）。

一つ目は**対人関係影響力**で，人間関係，言い換えればコネクション（コネ）を用いることによる影響力です。自分に影響力がなければ，影響力のある第三者の力を用いて，受け手に影響を与えようということです。送り手よりも専門性の高い人物も送り手に加わってもらい，受け手に影響を与えるという場合です。

二つ目は**共感喚起影響力**で，送り手に対して受け手に共感してもらえるよう，送り手の苦境を提示するということです。送り手が困っている状況に陥っていることを提示し，受け手の共感を喚起し，受け手に影響を与えようという方法です。送り手の苦境を提示する，言い換えれば弱みを受け手に見せることになるので，諸刃の剣と言えるかもしれません。

三つ目は**役割関係影響力**で，先に紹介した正当影響力の逆パターンと言えます。正当影響力の場合は，送り手の方の地位が高く，受け手が低いので，受け手は送り手の働きかけに応じなければならないと通常，認識しています。そうした関係性の中で，逆に低地位者の方が，高地位者に対して，正当な権利を主張するということもあり得ます。それが，ここでいう役割関係影響力です。例えば，親は子どもを庇護すべきだと子どもが主張したり，市民が納税者としての立場から自治体に対して住民としての権利を主張し，自治体にある行動を取るよう圧力をかけたりするような場合です。両者の社会的な関係性の中で，受け手が当然の権利を主張することによって，影響力を発揮するという場合です。

●働きかけの繰り返し

本章の最後に，影響力の増進と共に用いることのできる方法として，働きかけを繰り返すという方法を紹介しておきたいと思います。受け手に説得して，それがうまくいかなかった場合，すぐに次章の交渉に移るということも考えられますが，説得を繰り返してみることも一つの方法です。

ただし，以前と同じ説得を繰り返すのでは，受け手の方も同じ反応をする可能性が大きいと言えます。上記に示したように，専門影響力を高め，説得メッセージに含める情報（論拠）を増やしていくと共に，その提示の仕方も変えてみます。最初はストーリー説得的に働きかけていたとすれば，次回は，少し論理的に働きかけてみるというように，説得メッセージにヴァリエーションを加えてみるということです。

小集団研究において，通常は，数の論理で多数派が少数派に影響を与えるということが考えられますが，逆に少数派の方が多数派に影響を及ぼせることを示したのが，フランスの社会心理学者モスコヴィシら（1994）です。

モスコヴィシは，少数派であってもその主張を多数派に対して一貫して主張する（繰り返す）こと，その際，同じことをただ繰り返すのではなく，少しずつヴァリエーションを付けて主張することが，多数派の考え方に疑問を抱かせ，多数派が少しずつ少数派に同調するようになる可能性を指摘しています。

要するに，単に説得を繰り返すのではなく，送り手を増やしたり（例えば，異なる送り手が複数回に渡って説得する），新しい情報や論拠を付け加えたり，説得メッセージの形態を変えたりして説得メッセージにヴァリエーションを付け，説得を繰り返してみるということです。ただし，何回ぐらい繰り返せば受け手の賛同を得られやすくなるか，繰り返すことが受け手のリアクタンス（反発）を生むことにならないかなどについては，まだデータが乏しく，私たちが今までの経験に基づいて考えていくしかなさそうです。

説得の繰り返しによって受け手の賛同が得られればよいのですが，それでも賛同を得られなかった場合は，どうすればよいのでしょうか。最終章である第8章では，それを考えていきます。

第８章
納得してくれない受け手との交渉
——落としどころを探るスキル

本書が目指しているのは，受け手が送り手の望むように判断したり，行動したりしてくれるよう，事前の準備を充分に行って受け手に働きかけ，納得してもらうことです。もし受け手が納得してくれない場合は，さらに第７章に紹介した影響力も動員して働きかけてみます。しかし，そうした努力をしてもまだ説得がうまくいかない場合が出てきてしまいます。その場合は，ある程度時間をかけて，受け手と納得いくまで話し合う，交渉することになります。送り手から受け手へ説得するというステージから，送り手と受け手との相互の話し合いという新たなステージに移って，相互が納得できる解決策をお互いに模索し，確認し合うという作業になります。もちろんここに至るまでの間にも，送り手が一方的に話すだけでなく，受け手とのやりとりはあったと思いますが，このステージからは，第七の鍵として，より受け手とのやりとりを意識した交渉に目を向けるということです。

説得に対して，交渉（negotiation）はどのようなものとして捉えることができるのでしょうか。社会心理学の辞典には次のように定義されています。

「利害の葛藤をともなう個人ないし集団の代表の間で，一定の合意を達成するために直接に行う話し合いの過程」

（社会心理学小辞典，有斐閣，p.68）

「社会生活の中で生じるさまざまな対人葛藤（interpersonal conflict）の解決を目指して，主に当事者間の話し合いによって行われる社会的な意志決定（decision making）の一形態である。」

（社会心理学用語辞典，北大路書房，p.84）

つまり，意見を異にする2人の個人間もしくは2つの組織間で，両者が納得するような合意点を見出していくことです。松浦（2010）の言葉を用いれば，利害調整です。

交渉というと，一般的には，自動車や不動産の値段交渉，あるいは，企業間の契約条件交渉などが頭に浮かびます。その場合，交渉を行う両者に初めからある程度の目標があり，それぞれの目標を達成するために話し合いを行い，最終的に双方が受け入れられる価格や条件で交渉が成立します。

それに対して，本書の場合は，初めから2人の個人がそれぞれの目標を持って交渉に臨む（例えば，一方がある土地をできるだけ高く売りたいと考え，他方がその土地をできるだけ安く買いたいと考えている場合）というのではなく，送り手が受け手に伝えた説得メッセージを受け手が受容できず，送り手と受け手の意見が対立した場合から始まる交渉です。したがって，値段交渉のように，双方の求めるものを数値化することは，あまりできません。受け手が納得してくれるように，送り手が新しい情報を提供するか，あるいは，双方の納得する条件を模索したり，発案したりする必要があります。

バーマン（2016）は，説得を交渉の一部として捉えていますが，交渉においても今まで見てきたような説得のスキルやテクニックを用いて相手と話し合い（論理的説得）をすることになります。ただ，相手と交渉する際に何の事前の手がかりもなしに，相手と話し合いに望むのは，少々冒険的すぎるでしょう。

そこで，本章では，受け手と交渉せざるを得なくなった場合にどのような点に注意を払い，どのような準備をしておく必要があるのか，交渉に関する別の知識，スキルについて見ていきたいと思います。すなわち，交渉の枠組み，新しい選択肢の創案，交渉時の状況作り，相手の価値観の理解（傾聴と質問），そして，感情（忍耐，怒り）のコントロールです。

●交渉の枠組み

今までの流れでは，皆さん自身を説得の送り手，相手を受け手としていますので，ここでも相手のことを必要に応じて受け手と表現していくことにします。

受け手と交渉することになった場合，漫然と交渉に臨むのでは，送り手の目標を達成する可能性は低いと言えます。既に受け手はこちらの要望を拒否しているわけですから，こちらとしても，いかに受け手の考えを変えてもらうかについて真剣に検討しておく必要があります。そのために交渉というものをどのように捉えておいたらよいかをおさえておきたいと思います。

その際には，アダムズとギャレインズ（2006）のまとめた，交渉時におけるコンフリクト（意見の対立）の解決スタイルが参考にな

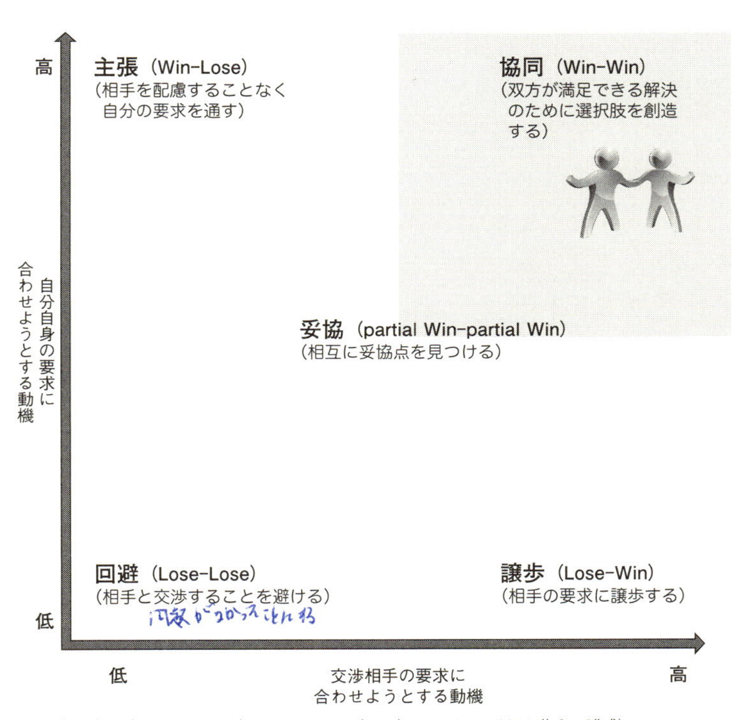

出典：今井（2011），図 2-3，p.33（Adams & Galanes（2006）Figure 9.1，p.235 に基づいて作成）

図 17　5 種類の交渉解決スタイル

ります（図17）。彼らは，解決スタイルを5つに分類しています。協同，妥協，主張，譲歩，そして，回避です。そのスタイルの分類基準になっているのは，受け手と自分とのどちらの要求（利益）が相対的に達成されているかです。交渉の研究で用いられる表現を使えば，どちらがWin（勝ち）を獲得し，どちらがLose（負け）であったかということです。

これらのスタイルの内，最も望ましいとされているのが**協同**です。双方が満足できるような解決策を考案するWin–Winのスタイルです。その次に望ましいスタイルは，双方が部分的に**妥協**すること（partial Win–partial Win（部分的な勝ち））です。妥協というとあまりよい印象ではありませんが，双方が少しずつ譲歩して，お互いに納得のできるポイントを探し，解決するというスタイルです。

逆に，あまり望ましくないのは，自分だけが相手よりも要求を押し通し，相手が譲歩せざるを得ない**主張**（Win–Lose），その逆のパターンである**譲歩**（Lose–Win）です。相対的に負けた方は，その結果に満足できず，将来的に禍根を残しがちです。もちろん常にこのスタイルを避けた方がよいというのではなく，意見の対立している内容が，自分にとってあまり重要でない場合には，相手に譲歩し，恩を売っておくという選択肢も長期的に見れば有効です。

最後に，コンフリクトに向き合ったり，関与したりしないのが**回避**（Lose–Lose）スタイルです。これも問題解決という点から見れば，避けた方がよいスタイルです。しかし，問題となっているコンフリクトがあまり重要でなかったり，検討されている複数の選択肢の間にあまり差がなかったりする場合には，回避スタイルを取ることが有効な場合もあります。

●価格交渉時に必要なBATNA（バトゥナ）

交渉の解決スタイルについて理解した上で考えるべきことは，交渉の目標です。何を目標に受け手との交渉を行うのかということです。今回，送り手が受け手に望んでいることは受け手から拒否されてしまっています（説得の失敗）。そうした状況において，どのような内容であれば，送り手として受け入れることができるかということです。

こうしたことを考えるにあたり，通常の値段交渉では，BATNA（Best Alternative To a Negotiated Agreement）という概念が手がかりになります（フィッシャーとシャピロ，2006；田村，2014）。これは，双方が合意できる交渉結果以外の，自分にとって最良な代替案のことです。あるいは，交渉が不調に終わったときの，自分が取りうる最善の解決策のことです（**交渉不調時の代替案**）。

例えば，家電量販店でドローンを買おうと思っています。プロペラの付いている 4 本のアームが収納可能で持ち運びに便利で，しかも 4K で空撮もできるものです。ドローンの操縦は，アプリを介して手元のスマートフォンから行うことができます。予備電池や予備プロペラなどもついたセットの店頭価格を見ると，17 万 8 千円でした。これから店員と価格交渉を行うつもりですが，この家電量販店で購入する場合，あらかじめいくらまで負けてもらえれば購入するかを決めておいた方が決めやすくなります。

最近はインターネットでも多くの商品を購入できます。上記のドローンのネットにおける最低価格を調べたら 16 万 9 千円でした。今回，この金額が BATNA となります。家電量販店の店員との価格交渉が不調に終わった場合，自分が取りうる最善の価格は 16 万 9 千円ということです。

この BATNA を設定しておくと，家電量販店やネットのどこで購入すべきかを判断しやすくなります。家電量販店で 16 万 9 千円より低い価格に負けてもらえれば，家電量販店でドローンを購入し，そうでなければ，ネットで購入することになります。

ただし，家電量販店の方も価格調査をしていて，ネットよりも少しだけ高い17万1千円を提示してきたとします。そうすると，少しでも早くドローンを手にしたいと考えている場合には，2千円の差は目をつぶって，家電量販店で購入するかもしれません（ネットで購入する場合は，どうしても商品を手に入れるまでに数日かかってしまいます）。この場合は，価格だけでなく，ドローンを手に入れられる時期についても考慮して判断したことになります。

価格交渉の場合には，このように，目の前の交渉相手との交渉が不調に終わっても，別の相手から品物を購入することができます。こちらとしては，自分にとって有利となる相手を選び，その相手から購入すればよいのです。

しかし，本書で扱っている説得状況の場合，説得に失敗したからと言って，受け手を替えるわけにはいきません。その特定の受け手にある行動を取って欲しいと考えているからです。そこで，説得不調後の交渉においては，送り手である自分と受け手とが納得できるポイントをお互いに工夫して探す作業になります。

ただし，そのような交渉においても，**送り手として許容できる受け手の行動パターン**（受け手に許せるギリギリの線）をあらかじめ考えておくことは，今後の受け手との交渉にとって必要なことです（フィッシャーとユーリー，1982）。それを一つの目安として，受け手と交渉するということです。

ただ，ここで大事なことは，そのギリギリの線を死守するという姿勢で臨むのではなく，あくまでも目安にすることです。交渉の流れいかんによっては，そのギリギリの線にこだわらなくても，よい解決策が得られるかもしれないからです。何の枠組みもないと，交渉の流れがどこへ行くかわからなくなってしまいますので，差し当たりギリギリの線を設定しておきますが，状況に応じて融通性を持たせるということです。

●新しい選択肢の創案

説得不調後の交渉において目指すのは，先ほどの解決スタイルで言えば，協同もしくは妥協です。協同スタイルで大事なことは，検討すべき問題点だけでなく（ドローンの例で言えば，価格），それと関連すること（ドローンを手に入れられる時期）にも目を向け，お互いが納得できる解決策を考え出すということです。場合によっては，双方が少しずつ妥協することにもつながるかもしれません。

フィッシャーとユーリー（1982）の言葉を借りれば，目の前にある（食べ物の）パイをいかに2人で切り分けるかを考えるだけでなく，パイを大きくする工夫をするということです（パイ生地を大きくするのはむずかしいかもしれませんが，トッピングを工夫することはできるかもしれません）。

例えば，家族の1人（ここでは，よくあるパターンとして，仮に父親と設定しておきます）に禁煙してもらうことを説得するという場合を考えてみましょう。禁煙するよう伝えましたが，父親は聞き入れてくれません。そこで，少し時間を取り，話し合うことにしました。こちら側の目標とギリギリの線は次のようになります。

- 最も望まれる目標――父親に完全に禁煙して欲しい。

- ギリギリ譲歩できる目標――家の中も含め，家の周囲 5m 以内では禁煙して欲しい。

父親の側も 2 つの目標を設定することができます。

- 最も望まれる目標――家の中でいつでも自由に喫煙したい。
- ギリギリの線――家の中では喫煙できないにしても，喫煙は続行したい。

双方が最も望む目標はお互いに相容れない内容ですが，双方のギリギリの線を見ると，交渉の余地があるようです。具体的にはどのような流れで交渉を進めていけばよいのでしょうか。

●ゴードンの Win-Win 法

ここで参考になるのが，ゴードン（1998）が提唱している Win-Win 法です。先ほど交渉の解決スタイルを 5 つ紹介しましたが，それらの内，主張や譲歩はどちらか一方が割を食う，言い換えれば相手に負けている解決スタイルでした。このスタイルを採用する場合は，負けた方の心理的鬱憤，恨みが後の両者の人間関係に悪影響を及ぼすと予測されますので，できれば避けたい解決スタイルです。そこで，ゴードンは，両者のどちらもが何らかの利益を得られるような解決スタイルとして Win-Win（双方が勝つ）に導く方法を提唱しています。

それは，以下の 5 つの段階から構成されます。これは，PDCA

サイクル（Plan（計画）―Do（実行）―Check（評価）―Act（改善））という問題解決のためのプロセスを反映させたものと言えます。

(a) 双方の主張や目標をお互いに確認する。

お互いが求めている目標を相手にわかるように伝えます。その際，次節で述べる傾聴や質問を用いて，効率よくお互いの考えを理解しようとします。

(b) 問題を解決するための方法をブレインストーミング法のようにどんどん出し合う。

オスボーン（1969）が提唱しているブレインストーミング法においては，5～10人のグループにおいて，メンバーが親しみのもてる，話しやすい，目標の明確になっている，特定の問題についてアイディアを出し合う状況を想定しているようです。

この段階では，とにかく，いろいろなアイディアを出し合います。ブレインストーミング法においては，次の4つが大事であると指摘されています。

- 出されたアイディアに対する批判，評価はしない。

  例えば，「そんなの，現実的ではないよ」とか「それ，私は嫌だな」とか言い出しがちですが，グッとこらえ，アイディアの創出に励みます。

- 突拍子もないアイディアが歓迎される。

  実際には，非現実的な方法を採用することはできませんが，非現実的なアイディアがきっかけになって，思いもよらなかった現実的なアイディアを思いつくようになるかもしれないことを狙っています。

- 質よりも量が歓迎される。

「下手な鉄砲も数打てば当たる」方式を狙います。人の評価を気にせず，とにかく頭に浮かんだいろいろなアイディアを出し続けることです。

- 自分のアイディアを出すだけでなく，人の出したアイディアを改良したり，複数のアイディアを結合したりしてみる。

出されたアイディアを基にして，さらに新しいアイディアを考え出していくという相乗効果を狙っています。したがって，出されたアイディアが見えるように，大きい紙や付箋紙に書き留めていくとよいでしょう。

先ほどの父親に禁煙を促す交渉においては，次のようなアイディアを出すことができるかもしれません。

家族が父親を禁煙外来に連れて行く。
有害物質が少ないとされる（ニコチンの含まれない）電子タバコに切り替える。
タバコに替わる趣味，嗜好品を探し出す。
タバコ代と同額の金額を父親に供出させ，受動喫煙防止器具を購入する。
家の中に完全防備の喫煙室を作る。

(c)　現実的に採用できる方法をお互いに納得の上で選択する。

アイディアが出尽くした後に，現実的にアイディアを評価し，最も効果があると思われる方法を数個選びます。

(d)　選択した方法を実際に1週間ほど実行してみて，その効果を確認する。

お試し期間です。実行してみると，思いつかなかった問題点が見えてきたり，意外に効果がなかったりすることもあるかもしれません。そうした問題点，および効果のあった点を収集します。

(e)　その方法で問題点がなければ，それを続行し続ける。

もし一方でも問題点を見出したならば，その方法を修正したり新しい方法を創案したりして，改めて実行してみます。そして，双方が納得できる方法が見つかるまで，(b)～(e)のプロセスを繰り返します。

●相手の価値観の理解（傾聴〔けいちょう〕と質問）

協同スタイルを目指して新しい選択肢を考え出すにあたり，重要なことは，受け手が望んでいることは何であるのか，それをしっかりと理解し，受け手を満足させるような解決策を考え出していくことです。そのためには，受け手の求めているもの，その背景にある価値観などを傾聴と質問を通して明らかにしていくことです（ゴードン，1985a，1985b，1998）。つまり，受け手の発言をよく聴き，わからない点については質問するということです。これは，上記の五段階においても重要なコミュニケーション・スキルであると言えます。

傾聴という言葉は第5章で紹介しましたが，その内容についてはここで見ていくことにしましょう。その英語を直訳すると，「能動的に聴くこと」になります。知らない人たちの会話や工事の騒音が自然に耳に入ってくるというのではなく，こちらから積極的に相手の言おうとしていることを理解しようとする姿勢を持って，相手の話すことに耳を傾けることです（ゴードン，1998）。さらに，オウム返しも含め，相手の気持ちや考えをうまく捉えて，短く言い直し，相手が伝えたいと思っていることをこちらが正確に理解できるかどうかを確認することです。その意味では，傾聴の中に質問も含まれていると言えます。

例えば，次のような会話において，Aが傾聴をしており，Bはその傾聴のために，自分の苦境をAが理解してくれていると感じ，心理的安心感を得ていると言えます。

A：いやぁ，まいったよ。
B：何か，困ったことでも起きたの？
A：そうなんだ。○○会社から急に納品時期を１週間早くするように言われちゃってね。
B：急には困るね。
A：まったく。でもお得意さんだから無碍(むげ)に断るわけにも行かなくてね。
B：そうなんですか。それは大変ですね。私にも同じ経験があるので，お気持ちわかります。
A：そうだろ。まぁ，何とかするよ。

傾聴には，双方にとってメリットがあります。傾聴する側から見れば，相手の気持ちや考え，さらにはその背景にある考え，価値観までも理解できることです。傾聴される側から見れば，自分の考え，要求，価値観をしっかりと相手に理解してもらえるので，心理的安心感，満足感が得られやすいと考えられます。

そのような心理的安心感が得られると，今，問題となっていることについてしっかり考える余裕ができ，もしかすると，受け手の方が何かよいアイディアが出してくるかもしれません。少なくとも，送り手と受け手との間のコミュニケーション回路が維持される可能性は，かなり高くなると言えます。

また，第2章で紹介した返報性をここでも期待することができます。自分から傾聴すると，返報的に相手も傾聴してくれる可能性が高くなるということです。相互に傾聴し合うという姿勢は，交渉の場において，とても大事なことです。

また，傾聴を通しても相手の考えがよくわからない場合は，相手に質問します。特に，相手がなぜあることに執着するのか，その背景にある気持ちや考えはこちらから尋ねない限り，自発的には話してくれない可能性が高いからです。その際，自分の理解が正しいかどうかを質問するという形を取ることもできますし，あるいは，相手に教えを請うという姿勢を示すこともできます（フィッシャーとユーリー，1982）。

例えば，猫や鳩，カラス，トンビなどにエサやりをしている人がいます。本人は動物のためによいことをしているという満足感を覚えているのかもしれませんが，周辺の住民は，その鳴き声（騒音）やフン（悪臭や不衛生なこと），繁殖（個体数の増加），あるいは，人間への攻撃行動について迷惑に思っている場合が少なくないようです。

往々にして，このようなエサやりをする人と話をすることさえ，初めはむずかしいようですが，仮に話ができるような状態になったとして，傾聴した上，エサやりの背景にある理由（かつて落ち込んでいた自分を一匹の野良猫が癒（いや）してくれ，その恩返しのつもりで。鳩のエサをついばむようすが楽しくて仕方がないから。エサをめがけて飛んでくるトンビを見ると，自分が偉くなったように思えてくるからなど）について質問を通して知ることが一つの対応方法です。もちろん，その理由を基に改善策を考えるという作業が残っていますが，まずは相手の行動の背景にある動機を理解することが必要でしょう。

●交渉時の状況作り

このように，交渉しながらも交渉にとって望ましい環境作りをすることはできるのですが，その他にもどのような点に注意すればよいのでしょうか。通常の交渉であれば，自分の交渉結果を有利に導くために，自分にとって交渉しやすいホームグラウンドが推奨されます（イリチ，2002）。つまり，自分にとって慣れた（新奇でない）状況で相手と話をするようにして，心理的安定感を確保するというわけです。

しかし，説得不調後の交渉においては，受け手に応諾してもらうことが差し当たりの目標になるわけですから，受け手にとっても心理的に快適な環境を用意することが必要です。これは，第3章でも見ましたように，室温，騒音，香りなど双方にとって交渉に悪影響を及ぼさないような快適な環境作りです。その他，双方に時間的に余裕のある時間帯であること，相手の立場も思いやれるくらい心理的余裕もあるような状態であることなどです。そのような心理的余裕をもたらすための一つの方法が次に述べる，感情のコントロールです。

●感情のコントロール（忍耐，怒り）

交渉を行うにあたり，双方の感情がぶつかることがあります。最終的に合意できれば双方が満足し，幸福な感情を持つことができるでしょうが，そこに至るまでには，忍耐を強いられたり，怒りの感情がこみ上げてきたりすることもあるかもしれません。交渉の最後に，そうした感情のコントロールについて触れておきたいと思います。

交渉において重要とされることの一つは忍耐です。必ずしも一度の交渉でうまくまとまるという保証はなく，多くの場合，解決に至るまで複数回の交渉を行うことになります。説得不調時の交渉においても同様です。既に受け手は最初の働きかけには応じていないわけですから，そうやすやすと応諾するようになるとは考えられません。その分，送り手の方は忍耐力を持って，交渉にあたる必要があります。

先ほどのエサやりの事例ですが，ある放送局の記者は，当初，取材のために相手と話をすることすらできなかったようですが，2年ほどかけて，何回も足を運び続けているうちに，家の中まで入れてくれ，話をしてくれるようになったということです。場合によっては，このように相手の考えを聞くまでにかなりの年月を費やさざるを得ない場合もあります。北風ではなく「太陽」方式で問題を解決しようとする場合は，多大な忍耐と時間が必要となることも覚悟しなければなりません。

また，交渉においても，少し話がこじれ，相手の頑固さが見えてくると，つい相手に対して怒りの感情が生じてくることがあります。フィッシャーとシャピロ（2006）は，そうした際の対処法をいくつかあげています。

- ゆっくりと一から十まで数える。
- 静かに3回深呼吸する。
- 相手に失礼にならない程度にリラックスできる体勢を取る。例えば，首や腕を軽く回したり，掌を広げたり閉じたりする。
- リラックスできる情景を思い浮かべる。例えば，遠くに山々が見える雄大な景色，木漏れ日の差す白樺林，青く澄み渡る海と雲の浮かぶ空など。
- 一時的に話題を変える。
- 何か理由を作ってその場から離れ，リラックスする。例えば，水を飲んだり，顔を洗ったり，化粧を直したり，好きな音楽を聞いたりする。
- 休憩を提案し，小休止する。

基本は，怒りをもたらす対象から心理的，物理的に距離を置き，怒りの感情を冷ますことです。怒りを爆発させてしまっては，相手の怒りを引き起こしやすく，その後の人間関係が悪化し，交渉の場を設けるのがむずかしくなる可能性が高くなります。それを回避するには，上記のような方法を用いて，意図的に怒りを静めることでしょう。

●今までの復習とまとめ

第1章から第8章まで，説得において送り手があらかじめ考えておくべきことについて見てきました。それらを図18にまとめましたので，復習しておきたいと思います。

(a) 基本は，「北風と太陽」になぞらえれば，送り手の要望を受け手に押しつけるのではなく，**「太陽」スタイル**を目指して，受け手が送り手の要望を納得して，自由意思で賛同してくれるように促すことです。

(b) 説得するにあたり，送り手は，あらかじめ受け手にどのような行動を取って欲しいのか，**説得の目標**を確認しておきます。また，受け手の反応を予測して，どのような方法で働きかけたらよいかを考えます。

(c) 送り手に時間的余裕があり，受け手の抵抗が大きい場合は，時間をかけて少しずつ受け手に働きかけていきます。時間をかけている間に受け手との間に良い**人間関係を確立**していきます。例えば，受け手に（受け手が必要とする）情報や知識を提供したり，何らかの支援をしたりすることができます。そうすれば，受け手が返報的に，こちらの説得に賛同してくれるようになる可能性が高まります。

(d)　受け手に対面する際には，快適な説得状況を準備しておきます。お互いに余裕がある時間を選び，心理的にリラックスできるような状況で対話します。特に，蒸し暑さや騒音は避けるべきです。

(e)　説得テーマから見て，受け手の自由裁量権が大きいと判断される場合は，受け手のリアクタンス（反発）を招かないようにするために（その自由の感覚を脅かさないように），受け手が自由に判断してよいことを強調します。

(f)　説得の内容が，受け手に迷惑行為をやめるよう求める場合，ルールや約束を守るよう要求する場合には，送り手の要求をただ伝えるようなYouメッセージを使うのではなく，I（アイ）メッセージ（「受け手が○○の行動をすると/しないと，～という影響が生じて，私は困ってしまいます」）を活用することを考えてみます。

(g)　それで問題が解決しない場合，あるいは，送り手の要望を受け手に受け入れて欲しい場合は，あらかじめ説得メッセージを考えておきます。これには，論理的メッセージとストーリー・メッセージがあります。前者は，送り手の要求を支持するような論拠（理由）を効果的に配列して作ります（例えば，主張＋反論＋反駁というサンドイッチ方式）。論拠は，できるだけその要望を支持するような強い論拠を用意します。

説得の内容が，例えば，受け手の健康関連行動や寄付などの場合は，受け手と類似した個人のエピソードをうまくつなげてストーリー仕立てにして受け手に提示することができます。それがストー

説得を生じさせる状況

1. 送り手の要望の発生（物品や労力の提供，貸与などの依頼）
2. 受け手の迷惑行為の停止（エサやり，ゴミ捨て，騒音など）
3. 受け手の健康関連行動の推進（健康診断の受診，運動など）

「北風」ではなく
「太陽」を目指す

送り手の事前準備

受け手と説得の目標の確認

受け手との良い人間関係の確立（第２章）
- 類似性（自己開示），近接性（単純接触効果），好意の返報性の確立
- 専門性，信頼性，好感度を高める

説得状況の準備（第３章）
- 温度，音，香り，他者の存在への配慮
- 受け手の情動状態，気分への配慮

受け手のリアクタンス低減（第４章）

（特に，受け手が自由を認識している場合）
- 受け手に選択権があること（自由）を強調
- 受け手の自由を脅かすようなことをしない

I メッセージを試してみる（第５章）

（受け手に困らされている場合）
- 受け手のどの行動が，送り手や周囲にどのような影響を与え，送り手がそれをどう感じているかを伝える

効果的な説得メッセージを作り，伝える（第６章）
- 送り手の考えを支持するような，ポジティブな強い論拠（理由）を収集し組み立てる（図 13 を参照）
- （事例が豊富にあり，時間的余裕がある場合）ストーリー・メッセージを使ってみる

非言語的コミュニケーションに気を配る（トピック２）
- 笑顔，対人距離，身体の向き，視線交差，開いた姿勢，声量，話す速さ，間の取り方，ミラーリングなどに注意する
- 控えること―多い視線，手でものを弄ぶ，不要な手脚の動き，意味のない言葉など

受け手の賛同が得られなかった場合の対応

送り手の影響力（パワー）を大きくする（第７章）
- 専門的知識，情報を豊富に集める
- 社会的影響力（パワー）のある人物からの支援を受ける。
- 受け手の共感を喚起する

受け手と交渉する（第８章）
- 説得を忍耐強く繰り返す
- 受け手との利害を調整する
- 協同（Win-Win），もしくは妥協の解決スタイルを目指す
- 双方で新しい選択肢や解決案を考え出す。
- 送り手として受け入れることのできるギリギリの線（変更可）を仮に決めておく

図 18　送り手として人を説得する際に考えるべきこと（まとめ）

リー説得です。ストーリーなので，メッセージとしては比較的長くなり，時間的な余裕が必要となります。

(h) 説得が功を奏さなかった場合の対策として，送り手の影響力（パワー）を大きくすることが考えられます。社会的影響力としては6種類が指摘されていますが，そのうち，専門影響力，参照・魅力影響力，情報影響力の増強が受け手のリアクタンスを引き起こしにくいと考えられます。あるいは，影響力を持っている第三者に説得の代理や支援をお願いする方法，送り手自身がほとほと困っていることを効果的に提示して受け手の共感を引き起こす方法もあります。

(i) それでも受け手の賛同が得られなかった場合は，さらに時間をかけて受け手と交渉して，双方の利害を調整することになります。説得時の交渉は，通常，受け手を替えることはできませんので，何とか双方が納得できるポイントを見つけられるようにします。例えば，問題となっていることだけでなく，それと関連する事項についても考えを広げ，解決のための新しい選択肢を見つける努力をします。それがむずかしい場合は，双方が納得できる妥協点を見つけていきます。

(j) また，受け手と対面する場合には，非言語的コミュニケーション（NVC）にも気を使います。声の大きさ，話す速度，間の取り方，顔の表情，不要な手脚の動き，全体的な姿勢，受け手との対人距離などに注意を払います。

以上の点について考慮すれば，必ず受け手の応諾を得られるというわけではありませんが，応諾を得られる可能性は高まるでしょう。

本書では，ある問題について人を説得しなければならない場合に，送り手として考える必要のあることを見てきました。本書がそうした場合の手がかりになれば幸いです。説得や社会的影響力，非言語的コミュニケーション，交渉などに関する社会心理学の研究がますます発展していけば，さらに詳しい説得の案内図を書き上げていくことができるようになると考えられます。

●トピック3　社会心理学研究の再現可能性

以上で送り手から見る説得の解説は終わりですが，本書で紹介している心理学や社会心理学の研究について考えておきたいと思います。それらの実験結果はどの程度正しいのでしょうか。どの程度，真実に近い結果と言えるのでしょうか。それらの実験結果は，同じ実験を第三者が行って確認する「追試」を行えば再現されるのでしょうか。

2015年に発表された，総勢270人の研究者たちが心理学実験の追試を行った結果は（オープン・サイエンス・コラボレーション，2015），心理学を研究し，勉強し，関心を持っている人たちに衝撃をもたらしました。その研究者たちは，心理学の有名な3つの学術誌に掲載された100の研究を対象にして，手分けして追試を行いました。元の研究では全体の97%において統計的に意味のある（有意な）結果が得られていました。しかし，追試では，その比率が39%でした（また，もともと明確な（1%や0.1%水準で有意な）結果が得られているほど，再現可能性も高いことが見出されました）。

心理学の領域別に見ると，認知心理学ではその再現率が50%，社会心理学では25%でした。社会心理学の場合，4分の3の研究結果は再現されなかったということです。

この結果をどのように解釈すればよいのでしょうか。再現性があまり高くなさそうに見える社会心理学の研究結果は，信じることができないということでしょうか。それともそう悲観的になる必要はないのでしょうか。ここにはひとくくりで解決できない，いろいろな問題が含まれているようです。追試をしても，元の結果を再現させにくくする要因が多数存在しているのです。

再現を阻む要因として，(a) 研究者の研究倫理的姿勢，(b) データ分析における統計学的手法の特性，(c) 出版（論文刊行）バイアス，(d) 心理学が研究対象とする現象の特性などをあげることができます。

●社会心理学研究の再現可能性に影響を与える要因

2016年に，日本で定評のある心理学誌の一つ『心理学評論』においても「心理学の再現可能性」という特集号が編まれました。その中で，再現可能性を低下させる要因について議論されています。

まず，渡邊（2016）は，再現可能性を低下させる要因として4つあげています。

(a) 元の実験や調査の手続き，データ，分析方法に誤りや研究者による不正がある場合

この点については，池田・平石（2016）も指摘しており，次項においてやや詳しく見ていきたいと思います。

(b) 元の実験や調査に誤りや不正はないけれども，論文内の実験手続きの記述が不十分で，精確な追試が不可能な場合

学術論文のスペースは限られており，研究者はその中で必要事項を記述することになるので，実験方法を詳細に記載することができない場合があります。最近では，学術誌によっては，「方法」のセクションの字数制限を設けないところもありますが（例えば，*Psychological Science* 誌），実験方法をどこまで詳細に記述するか，すべきかについては研究者任せであり，完全に追試可能なように記載されるかどうか不分明なところもあります。ただ，それを補完するように，実験で用いた材料をインターネット上に掲出して，他の研究者がそれを利用できるようにするシステムも考えられています。

(c) 元の実験や調査では確認されておらず，でも追試において結

果に系統的に影響を与えるような**潜在変数**が存在している場合（例えば，追試における室温や騒音，実験者の話し方などが結果に影響を与えていたために，元の結果が再現されなかったのかもしれません）。

ファン・バーヴェルら（2016）は，潜在変数の一つとして文脈感受性（contextual sensitivity）をあげています。社会心理学は認知心理学よりも文脈（状況）の影響を受けやすいために，前述のような再現率になったと彼らは解釈しています。文脈とは，実験が行われる環境に関連する要因であり，実験によって関連するものは異なってきますが，例えば，照明，室温，雑音，実験者の服装などです。

潜在変数の存在は，（b）の項目とも関連しており，「方法」の記述を詳細に精確に記述することが望まれますが，何が潜在変数であるか，なり得るかを事前に判断できないことが，問題となるところです。

（d） 元の実験や調査で扱っている心理学的**現象の生起確率**がもともと低く，再現されにくい場合

再現性を低下させる原因として考えることはできますが，そもそも，ふだんの生活で生じないようなことであれば，研究対象とすることの意味，意義があまり高くないと言えるかもしれません。ただ，ある理論の妥当性を確認する際には，非日常的な現象のデータを採る必要があるときがあるかもしれません。

また，マクスウェルら（2015）は，単一の追試では再現可能性が低くなり，複数の追試が必要であることを指摘しています。つまり，オープン・サイエンス・コラボレーション（2015）が実施したように，各研究の再現可能性を1回の追試で評価することはむずかしいということです。製薬会社が一つの薬品の効果を評価するために多くの臨床実験を繰り返すように，一つの現象について，複数回の追試を行わないと，その現象

の妥当性について評価できないということです。

さらに，再現可能性を低下させる別の要因として，研究結果を知ることによる，被験者の意図的な反応をあげることもできるでしょう。例えば，**感謝メッセージ**の例をあげてみましょう。感謝メッセージとは，送り手が望む行動を受け手に取らせる目的のために，受け手が当該の行動を既に取っているという前提で，受け手に感謝を表明している説得メッセージです。例えば，「いつもトイレをきれいに使ってくださり，ありがとうございます」というような，鉄道の駅やコンビニのトイレで見かけるメッセージです。

こうした表現のメッセージが登場したのは，2000年ぐらいからでしょうか。それを初めて見たときには，「他の人もきれいに使っているんだ（**社会的証明**，チャルディーニ，2014）。じゃあ，自分もきれいに使わないといけないな」とか，「（メッセージの送り手から）先にお礼を言われたら，そのお返しをするように（**返報性**，チャルディーニ，2014），きれいに使わないといけないな」と考え，自分もトイレをできるだけきれいに使おうと思ったかもしれません。油尾・吉田（2009）もその効果性を確かめています。

でも，このメッセージのスマートさが受けて，あちこちで見かけるようになると，何か送り手のあざとさ（説得意図）が見え隠れしてきて，何かメッセージに応じる気がなくなってくるかもしれません。つまり，以前は効果的であった説得メッセージが，時が経つにつれ，効果が低下してくることもありうるということです。

実際，高野（2017）が，通常のメッセージ，感謝メッセージ，それにユーモア付の感謝メッセージの効果性を比較したところ，感謝メッセージの効果性がいちばん低く，残り2つの方が効果的であることが見出されています。すなわち，感謝メッセージよりも通常のメッセージ（「トイレをきれいにお使いください」）の方が効果的であるらしいということです。

私たちが詐欺師の手法を知るとそれに注意を払い，欺されないように心がけるのと同じように，説得技法についても，それが知れ渡ると効果が低下する可能性があり，それが再現可能性の低下に結びつくことがあるということです。

●問題のある研究慣行

研究者の意図的，無意図的な研究遂行上の誤りや不正について見てみることにしましょう。この問題に目を向けているのが，池田・平石(2016)です。彼らは，まずジョンら(2012)のあげた，**問題のある研究慣行**(QRPs：questionable research practices)を紹介し，その具体例として*p*ハッキングをあげています。それは後述の帰無仮説検定における有意水準を示す*p*値を意図的，無意図的に不当に上昇させてしまう行動をとることです。

有意水準とは，**第一種の過誤**(Type I error。実際には(複数の条件間の結果に)差がないのに，差があると間違って判断してしまうこと。偽陽性(false positive))を防ぐために設けられている規準であり，通常は，5%や1%が設定されています(この規準に論理的根拠があるわけではなく，慣行として設定されているにすぎません)。この後に述べる出版バイアスの影響もあり，研究者はどうにかして実験や調査の仮説が検証されたことを示そうとするあまり，研究手続き上，行ってはいけないことを行ってしまうことがあります。それが問題のある研究慣行です(研究者全員がそうした不正な行為を行っているわけではないので，「慣行」という表現は言いすぎかもしれませんが，ここではそう表現しておくことにします)。

その一つが*p*ハッキングであり，次のような事例が含まれます。

(a)　実験の途中でデータを分析しながら，有意な結果が得られたところで実験をやめる（この場合，データ分析を繰り返すことにより，当初，5％水準を設定していたとしても，実質それ以上の有意水準を設定したことになってしまいます）。

(b)　設定した実験条件や測定した変数すべてについて報告するのではなく，有意な結果の認められた実験条件や測定変数の分析結果のみ報告する。

そして，研究者に p ハッキングを促しているのが，出版バイアスであると池田・平石（2016）は指摘しています。統計的に有意な結果が得られていない研究は，学術誌に掲載されにくいという学術論文刊行のバイアス（偏向）が存在しているということです。論文の刊行によって業績を作り出している研究者は，有意な結果が得られるように努力するあまり，上記のような問題のある行動を取ってしまうことがあるというわけです。こうした学術誌の出版バイアスが心理学研究に悪影響を与えていることは，既に50年近く前から指摘されています（ベイカン，1970）。

●帰無仮説検定

また，この p ハッキングが横行しやすいのは，心理学における帰無仮説検定に対する過度な依存状況にあると指摘しているのが大久保（2016）です。帰無仮説検定とは，どのようなものなのでしょうか。少々長くなりますが，以下の説明におつきあいください（詳しくは，大久保・岡田（2012）を参照）。

例えば，説得メッセージに恐怖を喚起させる情報（例：喫煙すると肺がん罹患（りかん）率が上昇する）を入れることが説得効果をもたらすかどうかを明らかにするとしましょう。このとき，研究者は，恐怖情報あり条件と無し条件を設定し，それぞれに対応した説得メッセージを2種類作成し，別々の（現在，喫煙している）被験者群に提示し，説得メッセージを読んだ後の禁煙意図を回答してもらい，その後の禁煙行動を観察します。

このとき，研究者は，まず，恐怖情報あり条件と無し条件の結果に差はないという仮説を立てます。それが帰無仮説（null hypothesis）です。同時に，帰無仮説と対立する（論理的議論に基づいた）対立仮説「恐怖情報あり条件における禁煙意図の方が無し条件よりも大きい」も立てます。

研究者は，どちらの仮説が正しいと言えるかを，実際に実験を行い，収集したデータに基づいて判断します。そして，両者の結果に差がない（帰無仮説が正しい）という前提の元に，両条件の結果に差があるかどうかを分析します。というのも，帰無仮説が正しいという前提の下に，この後に述べる確率を計算できるからです。

分析の結果，仮に，恐怖情報あり条件の方が無し条件よりも禁煙意図が高く，実際に禁煙した頻度も高かったとします。そうした結果が得られる確率を計算すると，5%もしくは1%以下であったとします。自分が行った実験において，5%もしくは1%以下の確率でしか生じ得ない，比較的稀（まれ）なことが起きたということです。

そこで，通常であれば起こりえない，稀なことが生じたということは，そもそも前提としていた帰無仮説が間違っていたからだと判断します（帰無仮説の棄却）。帰無仮説が間違いであれば，その対立仮説が正しいということになり，両条件の結果に（統計的に有意な）差があると判断します（フィッシャー，1971）。このとき研究者は，例えば，「恐怖情報あり条件の禁煙意図の方が無し条件よりも1%水準で有意に大きかった」と表現します。

●帰無仮説検定における問題点

ただ，この帰無仮説検定には問題があるのです。少なくとも3つの問題点をあげることができます。標本サイズ，統計的検定の実施数，そして，仮説の途中変更です。

まず，各条件に含まれる**標本サイズ**（被験者や回答者の人数）を増やすと，帰無仮説が棄却されやすく，したがって，条件間に差があるという結果を得やすくなります（ベイカン，1970；大久保，2016）。被験者数を多くすれば，条件間に差があるという結果が得られやすくなるならば，被験者数を多くすれば，どんな対立仮説でも検証されるのではないかということになりますが，実際，そのような状況になっているということです。

帰無仮説検定にはさらに第二の問題があります。先ほど，5%，1%という規準をあげましたが，これは，前述のように第一種の過誤（実際には差がないのに差があると間違って判断してしまう確率）と呼ばれています。間違った判断はできるだけ避けた方がよいわけですから，この値はなるべく小さい方がよいのです。しかし，仮に5%水準を設定したとしても，**統計的検定**（分析）の数を増やすと，全体としては5%ではなく，それ以上の値になってしまい，帰無仮説が棄却されやすくなってしまいます。

その意味で，一つの研究で行う統計的検定の数は，できるだけ少なくした方がよいのですが，研究によっては，そのようになっていません（分散分析における有意水準の上昇については，クレイマーら（2016）を参照）。

また，第一の問題とも関連しますが，前述のように，実験の途中でどのような結果が得られているかを見るために統計的検定を繰り返し，有意な結果が得られた時点でデータ収集をやめるというやり方も，第一種の過誤を増やすことになってしまいます（ジョンら，2012）。

第三に，仮説が正しいかどうか検証したけれども，統計的に有意な結果が得られなかった（帰無仮説を棄却できなかった）とします。あるいは，当初の予測とは異なり，逆方向に有意差が得られたとします。何とかして有意な結果を得たいと考える（悪質な）研究者はどうするでしょうか。いろいろ分析をして，有意な結果の得られる箇所を探すかもしれません。でもそれは当初の仮説には含まれていません。そこで，**途中で仮説を変えてしまい**，あたかも当初から有意な結果の得られた仮説を考えていたかのように振る舞うのです。もちろん，これは行ってはいけない，問題のある研究慣行ですが，やろうと思えばできてしまうのです。

●問題のある研究慣行の防止策

最近は，前述のような，研究上，不正な行為を行うことができないような制度的工夫や方法が開発されてきています（池田・平石，2016）。事前仮説登録制，標本サイズの事前算出，そして，帰無仮説検定に替わるベイズ統計学の利用などです。

前項の最後に述べた仮説の途中変更を防止するにはどうしたらよいでしょうか。その対策として，実験データを収集する前に，研究者が立てた仮説をインターネット上に記載して誰もが確認できるようにしておき，データ分析後に変更できないようにすることが考えられています。**事前仮説登録制**です（例えば，オープン・サイエンス・フレームワーク：https://osf.io）。現在の発達したインターネットを活用した賢い方法であると言えます。

このことに併せて，出版バイアスを減少させる方法も考え出されています。通常の研究論文は，**ピア・レヴュー**（同僚審査）と言って，当該研究テーマに近い仲間の研究者が投稿された論文原稿を査読して，疑問点や意見を述べます。それに対して著者が対応し，当該学術誌に掲載できる水準の論文であると判断されたら，掲載が決定されます。このとき，論文の完成稿に対して査読が行われます。

従来からのこのやり方では，研究者は統計的に有意な結果が得られた研究結果しか論文として発表しようとしません。そこで考え出されたのが，論文の「問題」と「方法」のセクションまで書かれた原稿に対して査読をするのです。論理的に十分考えられた，意味のある仮説が立てられ，その仮説を検証するために熟慮された実験・調査方法であれば，査読後，実験・調査を実施することが承認されます。その上で，実験の結果いかんに関わらず（たとえ，統計的に有意な結果が得られなくても），完成稿に対する2回目の査読をパスすれば，当該の学術誌に掲載されます。**事前審査付き事前登録制**です（例えば，https://osf.io/8mpji/wiki/home/）。

こうした方法ならば，研究者は，研究の途中で仮説を変更できませんし，また，統計的に有意な結果が得られなかったために論文として発表を断念することも少なくなります。その結果，不当に多く，有意な結果が発表されることが少なくなり，その後，追試が行われても再現可能性が低い状況が緩和されると考えられます。

また，**標本サイズ**をできるだけ多くして有意な結果が得られるように操作されることがないように，事前に適切な標本サイズを推定してからデータ収集を始めることが推奨されてきています（アメリカ心理学会，2009）。**例数設計**（大久保，2016），あるいは，**必要標本数**（鈴川・豊田，2012）と呼ばれています。標本サイズの判断は，効果量（effect size）や検定力（statistical power）についても推定し，有意水準と共に決定されます（クレーマーとブレイズィ，2016）。

効果量とは，独立変数（実験条件として設定されている変数）が従属変数（被験者の反応）に及ぼす影響の度合いを数値化したものであり，言い換えれば，帰無仮説が正しくない程度を示すものです（詳しくは，大久保・岡田（2012）を参照）。帰無仮説検定においては，効果が存在するかどうかを判断するだけですが，効果量はその効果の大きさ（程度）を推定します。効果量には，いくつかの種類が考案されており，効果量の大きさの解釈について鈴川・豊田（2012）がまとめています（p.52，Table 1参照）。また，**検定力**とは，（複数の条件間に）差があるときに，正しく差があると判断できる確率です。通常は，.80が多く用いられますが（コーエン，1988），場合により増減されます。

●フィッシャーの帰無仮説検定からベイズ統計学へ

こうしたpハッキング対策はそれなりに功を奏すると考えられますが，対策的には対症療法的です。そこで，根本的な解決も最近では考えられてきています。すなわち，フィッシャー（1935）の帰無仮説検定と離別し，**ベイズ統計学**という別の考え方（18世紀イギリスの牧師T.ベイズが「ベイズの定理」を導出。詳しくは，小島，2015；涌井・涌井，2012；豊田，2015などを参照）を導入するという方法です。

フィッシャー自身は，帰無仮説検定において実験の一回性を重んじていましたが，ベイズ統計学では，データを収集すればするほど，仮説の確からしさが明確になるようになっています。今後は，今まで200年以上に渡って活用されてこなかったベイズ統計学が主流になってくるのかもしれません。

●本書で取り上げられている研究結果は正しい？

本書に紹介している社会心理学研究の知見は，どの程度確からしいと言えるのでしょうか。本書においては，ある現象について，できるだけ確からしいことを紹介するために，可能な限りメタ分析の結果を確認しています。**メタ分析**とは，既に紹介したように，例えば，説得の送り手の専門性が受け手の応諾に及ぼす効果について実験している複数の研究

（論文）を収集し，その結果を総合すると，この研究テーマについてどのような結論を導き出すことができるかを明らかにするための分析方法です。複数の研究結果を総合したものですから，単独の結果よりは確からしいことが明らかになると考えられます。ただ，これも完全ではありません。メタ分析の対象となった個々の研究が正しく行われていること（先に述べた「問題のある研究慣行」が行われていないこと）が前提となっているからです。

本書において紹介している諸研究の結果がどの程度確からしいかは，正直に言えば，断言できません。各研究者の倫理観や力量の影響を受けていると考えられます。また，先の感謝メッセージの箇所でも述べたように，ある現象や効果が見出されたとしても，それらを知ることによって，私たちの反応が変化することもあります。したがって，本書で紹介していることが「絶対正しい」と判断するのではなく，「今まで，そうした枠組み（概念）を用いて研究されてきて，一応，このような結果が得られている」というように，参考程度に捉えておく必要があるでしょう。

あとがき

最後に，説得研究の今後について考えてみたいと思います。一つは新しい研究方法の模索，そして，もう一つはAI（人工知能）の存在です。

本書では，主に社会心理学の説得研究の成果に基づいて，送り手の視点から受け手を説得するための枠組みについて見てきました。その際，その基本的姿勢として，寓話「北風と太陽」における「太陽」的な接し方を目指してきました。先人が既に見出していたことを追認している形でしたが，その背景にある要因をより細かに確認できたと思います。

今までの説得研究においては，説得に影響を与える要因が分析的に明らかにされてきました。しかし，日常の説得場面においては，本書で見てきたように，説得に関連する複数の要因を総合的に考えていく必要があります。科学として説得の現象を明らかにするためには，分析的にならざるを得ませんが，その知見を応用するには，総合的に捉える姿勢も必要でしょう。

今後は，従来の研究方法に基づきながらも，新しい技術を利用してデータを収集していくことが考えられます。今までの説得研究においては，質問紙を利用した実験が行われてきましたが，その場合，どうしても受け手である被験者に提示する説得メッセージのリアリティが乏しくなってしまいます。

そこで，今後は，ヴァーチャル・リアリティ（VR）を駆使して，よりリアルに説得情報を受け手に提示していくことが考えられます。例えば，臨場感あふれる形で被験者に説得メッセージを提示し，被験者の反応も説得メッセージの提示に即応した形で複数回に渡って測定していくことです。被験者の友人をある程度リアルに提示できれば，人間関係が確立されている場合の説得についても研究の対象とすることができるようになるでしょう。

また，SNSやメール，電話，Skypeのようなビデオ通話において，人々がどのように相互に説得し，説得されているかに関するビッグ・データを分析することによって，新たな説得研究の知見が生まれてくるかもしれません。

そして，もう一つの問題がAIです。今までの説得状況は，あくまでも人間対人間ですが，将来的には，AIとのやりとりも視野に入れなければならないかもしれません。シンギュラリティ（singularity）という言葉を聞いたことがあるでしょうか。日本語では，技術的特異点と訳されており，AIが全人類の知能を超える時点のことを指しています。未来学者でもあるカーツワイル（2012）は，今後，急速に技術の発展が生じ，シンギュラリティが2045年辺りであることを予測しています。

現在のAIを搭載したロボットは，まだ動きもあまり機敏ではなく，こちらが気を利かせば会話ができる程度ですが，AI自身が学習を積み重ね，AI同士が相互に情報を交換し（ネットワーク化され），より細かな動作ができるようになれば，人間を凌駕する存在になってしまいます。

AIが発達すれば，今後，社会が大きく変革することが予測されます。それに伴って，説得研究においても，人間を対象とするだけでなく，ネットワーク化されたAIとやりとりすることを考えていかねばならないのかもしれません。説得に関する研究は，まだ途中の段階ですが，AIという新たな刺激も含めて研究していくことになりそうです。

最後になりましたが，本書を書き上げることができましたのは，著者が今までに多くの方々からご指導いただき，刺激を受け，そして，ご支援いただいたからであると言えます。その多くの方々に心より感謝申し上げます。本書を執筆する機会を与えてくださり，また刊行までいろいろとお世話になりました，新世社編集部の御園生晴彦氏にも心より御礼申し上げます。

平成30年2月

著者　今井芳昭

引用文献

Adams, K. L. & Galanes, G. J. (2006). *Communicating in groups : Applications and skills* (6th ed.). Boston, MA : McGraw-Hill.

Allen, M. & Preiss, R. W. (1997). Comparing the persuasiveness of narrative and statistical evidence using meta-analysis. *Communication Research Reports*, **14**, 125-131.

American Psychological Association (2009). *Publication manual of the American Psychological Association* (6th ed.). Washington DC : American Psychological Association.

Asch, S. E. (1946). Forming impressions of personality. *Journal of Abnormal and Social Psychology*, **41**, 258-290.

ベイカン，D.（1970）．心理学研究における有意性検定　D. E. モリソン＆R. E. ヘンケル（編著）　内海庫一郎・杉森滉一・木村和範（訳）（1980）．統計的検定は有効か――有意性検定論争（pp. 223-249）　梓出版社（Bakan, D. (1970). The test of significance in psychological research. In D. E. Morrison & R. E. Henkel (Eds.) *The significance controversy : A reader* (pp. 231-251). New Brunswick, NJ : Transaction.)

Baron, R. A. & Byrne, D. (1994). *Social psychology : Understanding human interaction* (7th ed.). Needham Heights, MA : Allyn and Bacon.

Bavelas, J. B., Black, A., Lemery, C. R., & Mullett, J. (1986). "I show how you feel" : Motor mimicry as a communicative act. *Journal of Personality and Social Psychology*, **50**, 322-329.

Berger, A. A. (1976). Anatomy of a joke. *Journal of Communication*, **26**, 113-115.

Berhmann, M. (2016). *Negotiation and persuasion*. Boston, MA : Hogrefe Publishing.

Bilandzic, H. & Busselle, R. (2013). Narrative persuasion. In J. P. Dillard & L. Shen (Eds.) *The SAGE handbook of persuasion : Developments in theory and practice* (2nd ed.). (pp. 200–219). Thousand Oaks, CA : SAGE.

Blair, J. A. (1996). The possibility and actuality of visual arguments. *Argumentation and Advocacy*, **33**, 23–39.

Bohner, G., Crow, K., Erb, H–P., & Schwartz, N. (1992). Affect and persuasion : Mood effects on the processing message content and message cues and on subsequent behaviour. *European Journal of Social Psychology*, **22**, 511–530.

Bornstein, R. F. (1989). Exposure and affect : Overview and meta-analysis of research, 1968–1987. *Psychological Bulletin*, **106**, 265–289.

Bornstein, R. F. & D' Agostino (1994). The attribution and discounting of perceptual fluency : Preliminary tests of a perceptual fluency/attributional model of the mere exposure effect, *Social Cognition*, **12**(2), 103–128

Boster, F. J. Cruz, S., Manata, B., DeAngelis, B. N., & Zhuang, J. (2016). A meta-analytic review of the effect of guilt on compliance, *Social influence*, **11**(1), 54–67. http://dx.doi.org/10.1080/15534510.2016.1142892

Brehm, J. W. (1966) A theory of psychological reactance. New York : Academic Press.

Brehm, S. S. & Brehm, J. W. (1981). *Psyhological reactance : A theory of freedom and control*. New York : Academic Press.

Briñol, P., Petty, R. E., & Tormala, Z. L. (2004). The self-validation of cognitive responses to advertisements. *Journal of Consumer Research*, **30**, 559–573.

Bruner, J. (1986) *Actual Minds, Possible Worlds*, Boston, MA : Harvard University Press.（田中一彦（訳）(1998). 可能世界の心理　みすず書房）

Bruner, J. (1991). The narrative construction of reality, *Critical Inquiry*, **181**, 1–21.

Burger, J. M., Soroka, S., Gonzago, K., Murphy, E., & Somervell, E. (2001). The effect of fleeting attraction on compliance to requests, *Personality and Social Psychology Bulletin*, **27**(12), 1578–1586.

Byrne, D. & Nelson, D. (1965). Attraction as a linear function of proportion of positive reinforcements. *Journal of Personality and Social Psychology*, **1**, 659-663.

Cacioppo, J. T. & Petty, R. E. (1982). The need for cognition. *Journal of Personality and Social Psychology*, **42**, 116-131.

Cesario, J., & Higgins, E. T. (2008). Making message recipients feel right : How nonverbal cues can increase persuasion. *Psychological Science*, **19**, 415-420.

Chartrand, T. L., & Bargh, J. A. (1999). The chameleon effect : The perception-behavior link and social interaction. *Journal of Personality and Social Psychology*, **76**, 893-910.

Chartrand, T. L., & Lakin, J. L. (2013). The antecedents and consequences of human behavioral mimicry, *Annual Review of Psychology*, **64**, 285-308.

Chebat, J-C. & Michon, R. (2003). Impact of ambient odors on mall shoppers' emotions, cognition, and spending : A test of competitive causal theories. *Journal of Business Research*, **56**, 529- 539

チャルディーニ, R. B.　社会行動研究会（訳）(2014). 影響力の武器　第3版　誠信書房（Cialdini, R. B. (2008). *Influence : Science and practice*, (5th ed.). Boston, MA : Allyn and Bacon)

チャルディーニ, R. B.　安藤清志（監訳）・曽根寛樹（訳）(2017). PRE-SUASION：影響力と説得のための革命的瞬間　誠信書房（Cialdini, R. B. (2016). *PRE-SUASION : A revolutionary way to influence and persuade*. New York : Simon & Schuster.)

Cin, S. D., Zanna, M. P., & Fong, G. T. (2004). Narrative persuasion and overcoming resistance. In E. S. Knowles & J. A. Linn (Eds.) *Resistance and persuasion*. (pp. 175-191). Mahwah, NJ : Lawrence Erlbaum Associates.

Cohen, J. (1988). *Statistical power analysis for the behavioral sciences* (2nd ed.). Hillsdale, NJ : Erlbaum.)

Collins, N. L. & Miller, L. C. (1994). Self-disclosure and liking : A meta-analytic review. *Psychological Bulletin*, **116**(3), 457-475.

Cramer, A. O. J., van Ravenzwaaij, D., Matzke, D., Steingroever, H., Wetzels, R., Grasman, R. P. P. P., Waldorp, L. J., & Wagenmakers, E. J. (2016). Hidden multiplicity in multiway ANOVA : Prevalence and remedies. *Psychonomic*

Bulletin & Review, **23**, 640–647.

de Graaf, A., Hoeken, H., Sanders, J., & Beenties, J. W. J.（2012）. Identification as a mechanism of narrative persuasion, *Communication Research*, **39**（6）, 802–823.

de Hoog, N., Stroebe, W., & de Wit, J. B. F.（2007）. Impact of vulnerability to severity of a health risk on processing and acceptance of fear-arousing communications：A meta-analysis. *Review of General Psychology*, **11**, 258–285.

Deluga, R. J. & Perry, J. T.（1994）. The role of subordinate performance and ingratiation in leader-member exchanges. *Group and Organizational Management*, **19**（1）, 67–86.

Dillard, J. P. & Seo. K.（2013）. Affect and persuasion. In J. P. Dillard & L. Shen（Eds.）*The SAGE handbook of persuasion：Developments in theory and practice*.（2nd ed.）.（pp. 150–166）. Thousand Oaks, CA：SAGE.

Dillard, J. P., & Shen, L.（2005）. On the nature of reactance and its role in persuasive health communication. *Communication Monographs*, **72**, 144–168.

ドライヴァー，J.　高橋結花（訳）（2010）．FBI式人の心を操る技術　メディアファクトリー新書（Driver, J. & van Aalst, M.（2010）. *You say more than you think：Use the new body language to get what you want !, the 7–day plan*. New York：Crown Publishers.）

道家瑠見子（2010）．ポジティブな感情とネガティブな感情　海保博之・松原望（監修）感情と思考の科学事典　朝倉書店　pp. 18–19.

Ekman, P. & Friesen, W. V.（1969）. The repertoire of nonverbal behavior：Categories, origins, usage, and coding. *Semiotica*, **1**, 49–98.

エクマン，P.＆フリーセン，W. V.　工藤力（編訳）（1987）．表情分析入門——表情に隠された意味をさぐる　誠信書房（Ekman, P. & Friesen, W.（1975）. *Unmasking the face：A guide to recognizing emotions from facial expressions*. Oxford, England：Prentice–Hall.）

フェスティンガー，L.　末永俊郎（監訳）（1965）．認知的不協和の理論　誠信書房（Festinger, L.（1957）. *A theory of cognitive dissonance*. Stanford, CA：Stanford University Press.）

Festinger, L., Schachter, S., & Back, K.（1950）. *Social pressures in informal groups：A study of human factors in housing*. New York：Harper & Brothers.

フィッシャー，R. A.　遠藤健児・鍋谷清治（訳）（1971）．実験計画法　森北出版（Fisher, R. A.（1960）. *The design of experiments*. Edinburgh：Oliver and Boyd.）

フィッシャー，R. &ユーリー，W.　金山宣夫・浅井和子（訳）（1982）．ハーバード流交渉術　TBSブリタニカ（Fisher, R. & Ury, W.（1981）. *Getting to yes*. Boston, MA：Houghton Mifflin.）

フィッシャー，R. &シャピロ，D.　印南一路（訳）（2006）．新ハーバード流交渉術――感情をポジティブに活用する　講談社（Fisher, R. A. & Shapiro, D.（2005）. *Beyond reason：Using emotions as you negotiate*. New York：Viking.）

Fiske, S. T., Cuddy, A. J. C., & Glick, P.（2007）. Universal dimensions of social cognition：Warmth and competence. *Trends in Cognitive Sciences*, **11**, 77-83.

フォッグ，B. J.　高良理・安藤知華（訳）（2005）．実験心理学が教える人を動かすテクノロジ　日経BP社（Fogg, B. J.（2002）. *Persuasive technology：Using computers in change what we think and do*. San Francisco, CA：Morgan Kaufmann.）

フレンチ，J. R. P., Jr. &レイヴン，B. H.　水原泰介（訳）（1962）．社会的勢力の基盤　カートライト，D.　千輪　浩（監訳）『社会的勢力』（pp. 193-217）．誠信書房（French, J. R. P., Jr., & Raven, B. H.（1959）. The bases of social power. In D. Cartwright（Ed.）*Studies in social power*（pp. 150-167）. Ann Arbor, MI：Institute for Social Research.）

Friedrich, J., Fetherstonhaugh, D., Cassey, S., & Gallagher, D.（1996）. Argument integration and attitude change：Suppression effects in the integration of one-sided arguments that vary in persuasiveness. *Personality and Social Psychology Bulletin*, **22**, 179-191.

藤原武弘（1986）．態度変容と印象形成に及ぼすスピーチ速度とハンドジェスチャーの効果　心理学研究，**57**，200-206.

深田博己（1988）．説得と態度変容――恐怖喚起コミュニケーション研究　北大路書房深田博己（2002a）．説得研究の基礎知識　深田博己（編著）説得心理学ハンドブック――説得コミュニケーション研究の最前線（pp. 2-44）．北大路書房

深田博己（2002b）．恐怖感情と説得　深田博己（編著）説得心理学ハンドブック――説得コミュニケーション研究の最前線（pp. 278-328）．北大路書房

Garlin, F. V. & Owen, K. (2006). Setting the tone with the tune：A meta-analytic review of the effects of background music in retail settings. *Journal of Business Research*, **59**, 755-764.

Gass, R. H. & Seiter, J. S. (2011). *Persuasion, social influence, and compliance gaining.* (4th ed.). Boston, MA：Allyn and Bacon.

Glanzer, M. & Cunitz, A. R. (1966). Two storage mechanisms in free recall. *Journal of Verbal Learning and Verbal Behavior,* **5**, 351, 360.

Gordon, R. A. (1996). Impact of ingratiation on judgments and evaluations：A meta-anlytic investigation. *Journal of Personality and Social Psychology,* **71**(1), 54-70.

ゴードン，T.　奥沢良雄・市川千秋・近藤千恵（訳）（1985a）．教師学――効果的な教師=生徒関係の確立　小学館（Gordon, T. (1974) *T. E. T., teacher effectiveness training.* New York：Wyden.）

ゴードン，T.　近藤隆雄（訳）（1985b）．リーダー訓練法　サイマル出版会（Gordon, T. (1980). *Leader effectiveness training：L. E. T.*, New York：Wyden.）

ゴードン，T.　近藤千恵（訳）（1998）．親業――子どもの考える力をのばす親子関係の作り方　大和書房（Gordon, T. (1970). *P. E. T., Parent effectiveness training：The tested new way to raise responsible children.* New York：Wyden.）

Gouldner, A. W. (1960). The norm of reciprocity：A preliminary statement. *American Sociological Review,* **25**, 161-178.

Gray, J. B. & Harrington, N. G. (2011). Narrative and framing：A test of an integrated message strategy in the exercise context. *Journal of Health Communication*, **16**, 264-281, DOI：10.1080/10810730.2010.529490.

Green, M. C. & Brock, T. C. (2000). The role of transportation in the persuasiveness of public narratives, *Journal of Personality and Social Psychology*, **79**(5), 701–721.

Griffitt, W. & Veitch, R. (1971). Influences of population density and temperature on interpersonal affective behavior. *Journal of Personality and Social Psychology*, **17**(1), 92–98.

Guéguen, N. & Pascual, A. (2000). Evocation of freedom and compliance : the "but you are free of..." technique. *Current Research in Social Psychology*, **5**, 264–270.

Guéguen N. & Petr, C. (2006). Odors and consumer behavior in a restaurant, *Hospitality Management*, **25**, 335–339

Guéguen N., Joule RV, Halimi-Falkowicz S, Pascual A, Fischer-Lokou J, Dufourcq-Brana M. (2013). I'm free but I'll comply with your request : Generalization and multidimensional effects of the "evoking freedom" technique. *Journal of Applied Social Psychology*. **43**, 116–137. DOI : 10.1111/j.1559-1816.2012.00986.x

ホール，E. T.　日高敏隆・佐藤信行（訳）（1970）．かくれた次元　みすず書房（Hall, E. T. (1966). *The hidden dimension*. New York : Doubleday.)

波多野尚樹（2015）口の中をみれば寿命がわかる：口腔内細菌が引き起こす，脳卒中，心筋梗塞，糖尿病，認知症　小学館

Heath, C. & Heath, D. (2007) *Made to stick : Why some ideas survive and others die*. New York : Random House.

Hickson, M. III, Stacks, D. W., & Moore, N-J. (2004). *Nonverbal communication : Studies and applications*. (4th ed.). Los Angeles, CA : Roxbury Publishing

Higgins, E. T. (2000). Making a good decision : Value from fit. *American Psychologist*, **55**, 1217–1230.

Higgins, E. T., & Silberman, I. (1998). Development of regulatory focus : Promotion and prevention as ways of living. In J. Heckhausen & C. S. Dweck (Eds.), *Motivation and self-regulation across the life span* (pp. 78–113). New York : Cambridge University Press.

Hinyard, L. J. & Kreuter, M. W. (2007). Using narrative communication as a tool for health behavior change：a conceptual, theoretical, and empirical overview, *Health Education & Behavior*, **34**(5), 777-792, DOI：10.1177/1090198106291963

Hong, S. M. & Faedda, S. (1996). Refinement of the Hong psychological reactance scale. *Educational and Psychological Measurement*, **56**, 173-182.

本元小百合・山本佑実・菅村玄二（2014）．皮膚感覚の身体化認知の展望とその課題　関西大学心理学研究，**5**，29-38.

Hornikx, J. (2005). A review of experimental research on the relative persuasiveness of anecdotal, statistical, causal, and expert evidence. *Studies in Communication Sciences*, **5**, 205-216.

Ijzerman, H., & Semin, G. R. (2009). The thermometer of social relations：Mapping social proximity on temperature. *Psychological Science*, **20**, 1214-1220.

イリチ，J.　登内温子（訳）（2002）．世界一わかりやすい絶対勝てる交渉術　総合法令（Ilich, J. (1999). *The complete idiot's guide to winning through negotiation* (2nd ed.). Upper Saddle River, NJ：Pearson.）

池田功毅・平石界（2016）．心理学における再現可能性危機：問題の構造と解決策　心理学評論，**59**(1)，3-14.

Imai, Y. (1989). The relationship between perceived social power and the perception of being influenced. *Japanese Psychological Research*, **31**, 97-107.

Imai, Y. (1991). Effects of influence strategies, perceived social power and cost on compliance with requests. *Japanese Psychological Research*, **33**, 134-144.

Imai, Y. (1993). Perceived social power and power motive in interpersonal relationships. *Journal of Social Behavior and Personality*, **8**, 687-702.

今井芳昭（1996）．影響力を解剖する――依頼と説得の心理学　福村出版

今井芳昭（2005）．依頼・要請時に用いられる影響手段の種類と規定因　心理学評論，**48**，114-133.

今井芳昭（2006）．依頼と説得の心理学――人は他者にどう影響を与えるか　サイエンス社

今井芳昭（2010）．影響力――その効果と威力　光文社新書

今井芳昭（2011）．社会心理学における対人的影響研究の動向と今後の課題　哲学，**125**，33-74.

Imai, Y. (2014). Comparison between two-and three-step persuasive message styles and recipients' need for cognition. Unpublished manuscript.

今井芳昭（2017-2018）．消費生活相談に役立つ社会心理学　ウェブ版　国民生活　No.61-66，独立行政法人国民生活センター．http://www.kokusen.go.jp/wko/index.html

今城周造（2005）．説得への抵抗と心理的リアクタンス――自由の文脈・決定・選択肢モデル　心理学評論，**48**(1)，44-56.

Jacks, J. Z. & Lancaster, L. C. (2015). Fit for persuasion：the effects of nonverbal delivery style, message framing, and gender on message effectiveness, *Journal of Applied Social Psychology*, **45**(4), 203-213, DOI：10.1111/jasp.12288.

Jiang, L. C. & Hancock, J. T. (2013). Absence makes the communication grow fonder：Geographic separation, interpersonal media, and intimacy in dating relationships, *Journal of Communication*, **63**(3), 556-577, DOI：10.1111/jcom.12029.

John, L. K., Lowenstein, G., & Prelec, D. (2012). Measuring the prevalence of questionable research practices with incentives for truth telling. *Psychological Science*, **23**, 524-532.

Johannesen, R. L. (2005). Perspectives on ethics in persuasion. http://www.communicationcache.com/uploads/1/0/8/8/10887248/perspectives_on_ethics_in_persuasion.pdf（2017年8月10日アクセス）

Jones, E. E. (1977). *Ingratiation：A social psychological analysis*. New York：Irvington.

カーネマン，D.　村井章子（訳）（2012）．ファスト＆スロー（上・下）早川書房（Kahneman, D. (2011). *Thinking fast and slow*. New York：Farrar, Straus, & Giroux.）

Kahneman, D., & Tversky, A. (1979). Prospect theory：An analysis of decision under risk. *Econometrica*, **47**, 263-291.

Kahneman, D., Krueger, A. B., Schkade, D. Schwarz, N., & Stone. A. A. (2006). Would you be happier if you were richer? A focusing illusion. *Science*, **312** (5782), 1908-1910, DOI：10.1126/science.1129688.

カイザー，T. W. &カイザー，J. L.　マインド・コントロール問題研究会（訳）

(1995). あやつられる心――破壊的カルトのマインド・コントロール戦略　福村出版（Keiser, T. W. & Keiser, J. L. (1987). *The anatomy of illusion*：*Religious cults and destructive persuasion*. Springfield, IL：Charles C Thomas.）

川端祐一郎・藤井　聡（2014）. コミュニケーション形式としての物語に関する研究の系譜と公共政策におけるその活用可能性　土木計画学研究・論文集，**31**，Ⅰ_123-Ⅰ_142.

川上直秋・吉田富二雄（2011）. 閾下単純接触の累積的効果とその長期持続性，心理学研究，**82**，345-353.

木村堅一（2002）. 脅威認知・対処認知と説得：防護動機理論　深田博己（編著）説得心理学ハンドブック――説得コミュニケーション研究の最前線（pp. 374-417）北大路書房

木村堅一（2005）. 恐怖アピールと予防的保険行動の促進　心理学評論，**48**(1)，25-40.

北村英哉・木村　晴（2006）. 感情研究の新展開　ナカニシヤ出版

Knowles, E. S. & Linn, J. A. (2004). The importance of resistance to persuasion. In E. S. Knowles & J. A. Linn (Eds.) *Resistance and persuasion*. (pp. 3-9). Mahwah, NJ：Lawrence Erlbaum Associates.

小島寛之（2015）. 完全独習　ベイズ統計学入門　ダイヤモンド社

神山貴弥・藤原武弘・石井眞治（1990）. 態度変容と印象形成に及ぼす座席位置の効果　社会心理学研究，**5**，129-136.

Kraemer, H. C. & Blasey. C. (2016). *How many subjects?*：*Statistical power analysis in research*. (2nd ed.). Thousand Oaks, CA：SAGE.

カーツワイル，R.（2012）. シンギュラリティは近い　Kindle版　NHK出版（Kurzweil, R. (2005). *The singularity is near*：*When humans transcend biology*. New York：Viking.）

Latané, B., Williams, K., & Harkins, S. (1979). Many hands make light the work：The causes and consequences of social loafing. *Journal of Personality and Social Psychology*, **37**, 822-832.

Leenders, M. A. A. M., Smidts, A., & Haji, A. E. (2016). Ambient scent as a mood inducer in supermarkets：the role of scent intensity and time-pressure of

shoppers. *Journal of Retailing and Consumer Services*, http://dx.doi.org/10.1016/j.jretconser.2016.05.007i
牧野幸志（1999）．説得に及ぼすユーモアの効果とその生起メカニズムの検討　実験社会心理学研究，**39**，86-102.
牧野幸志（2002）．ユーモアと説得　深田博己（編著）説得心理学ハンドブック——説得コミュニケーション研究の最前線（pp. 236-277）　北大路書房
牧野幸志（2005）．説得とユーモア表現——ユーモアの効果の生起メカニズム再考　心理学評論，**48**(1)，100-109.
松浦正浩（2010）．実践！　交渉学——いかに合意形成を図るか　ちくま新書
Maxwell, S. E., Lau, M. Y. & Howard, G. S. (2015). Is psychology suffering from a replication crisis? What does "failure to replicate" really mean? *American Psychologist*, **70**(6), 487-498.
Messaris, P. (1997). *Visual perception : The role of images in advertising*. Thousand Oaks, CA : SAGE.
Miller, C. H., Lane, L. T., Deartrick, I. M., Young, A. M., & Potts, K. A. (2007). Psychological reactance and promotional health messages : The effects of controlling language, lexical concreteness, and the restoration of freedom. *Human Communication Research*, **33**, 219-240.
Miller, C. H. & Quick, B. L. (2010). Sensation seeking and psychological reactance as health risk predictions for an emerging adult population. *Health Communication*, **25**, 266-275.
宮本聡介・太田信夫（2008）．単純接触効果研究の最前線　北大路書房
Monahan, J. L., Murphy, S. T., & Zajonc, R. B. (2000). Subliminal mere exposure : Specific, general, and diffuse effects, *Psychological Science*, **11**(6), 462-466.
Mongeau, P. T. (2013). Fear appeals. In J. P. Dillard & L. Shen (Eds.) *The SAGE handbook of persuasion : Developments in theory and practice*. (2nd ed.). (pp. 184-199). Thousand Oaks, CA : SAGE.
Morgan, S. E., Palmgreen, P., Stephenson, M. T., Lorch, E. P., & Hoyle, R. H. (2003). The relationship between message sensation value and perceived message sensation value : The effect of formal message features on subjec-

tive evaluations of anti-drug public service announcements. *Journal of Communication*, **53**, 512–526.

Moscovicci, S., Mucchi-Faina, A., & Maass, A. (Eds) (1994). *Minority influence.* Chicago, IL : Nelson-Hall Publishers.

Moyer-Gusé, E. & Nabi, R. (2010). Explaining the effects of narrative in an entertainment television program : Overcoming resistance to persuasion. *Human Communication Research*, **36**, 26–52.

Murdock, R. B., Jr. (1962). The serial position effect of free recall. *Journal of Experimental Psychology*, **64**, 482–488.

中村雅彦（1984）．性格の類似性が対人魅力に及ぼす効果　実験社会心理学研究，**23**，139–145.

Nan, X. (2009). Emotional responses to televised PSAs and their influence on persuasion : An investigation of the moderating role of faith in intuition. *Communication Studies*, **5**, 426–442.

ナヴァロ，J. &カーリンズ，M.　西田美緒子（訳）（2010）．FBI 捜査官が教える「しぐさ」の心理学　河出書房新社（Navarro, J., & Karlins, M. (2008). *What every body is saying : An ex-FBI Agent's guide to speed-reading people.* New York : William Morrow.）

西田公昭（1995）．マインドコントロールとは何か　紀伊國屋書店

西田公昭（2009）．だましの手口　PHP 新書

日本ケミファ株式会社　健康生活のすすめ　ウォーキングの効用 http://www.chemiphar.tv/healthcare/walking/index_02.html（2017 年 4 月 10 日アクセス）

太田信夫（1988）．長期記憶におけるプライミング——驚くべき潜在記憶（implicit memory）　心理学評論，**31**，305–322.

O'Keefe, D. J. (1990). *Persuasion : Theory and Research.* Newbury Park, CA : SAGE.

O'Keefe, D. J. (1997). Standpoint explicitness and persuasive effect : A meta-analytic review of the effects of varying conclusion articulation in persuasive messages. *Argumentation and Advocacy*, **34**, 1–12.

O'Keefe, D. J. (1999). How to handle opposing arguments in persuasive messages : A meta-analytic review of the effects of one-sided and two-sided messages. In M. E. Roloff (Ed.), *Communication Yearbook* 22 (pp. 209-249). CA : SAGE.

O'Keefe, D. J. & Jensen, J. D. (2006). The advantages of compliance or the disadvantages of noncompliance? A meta-analytic review of the relative persuasive effectiveness of gain-framed and loss-framed messages. In C. S. Beck (Ed.), *Communication Yearbook* 30 (pp. 1-43). Mahwah, NJ : Lawrence Erlbaum Associates.

O'Keefe, D. J. & Jensen, J. D. (2007). The relative persuasiveness of gain-framed loss-framed messages for encouraging disease prevention behaviors : A meta-analytic review. *Journal of Health Communication*, **12** (7), 623-644

O'Keefe, D. J. & Jensen, J. D. (2008). Do loss-framed persuasive messages engender greater message processing than do gain-framed messages? A meta-analytic review, *Communication Studies*, **59** (1), 51-67.

O'Keefe, D. J. & Jensen, J. D. (2009). The relative persuasiveness of gain-framed and loss-framed messages for encouraging diseases detection behaviors : A meta-analytic review. *Journal of Communication*, **59**, 296-316.

大久保街亜（2016）．帰無仮説検定と再現可能性　心理学評論，**59**（1），57-67.

大久保街亜・岡田謙介（2012）．伝えるための心理統計――効果量・信頼区間・検定力　勁草書房

Open Science Collaboration. (2015). Estimating the reproducibility of psychological science, *Science*, **349** (6251), aac4716-1-aac4716-8.

オスボーン，A.　豊田　晃（訳）（1969）．想像力を生かせ　創元社（Osborn, A. (1948). *Your creative power : How to use imagination*. New York : Charles Scribner's Sons.）

Petty, R. E., Briñol, P., & Tormala, Z. L. (2002). Thought confidence as a determinant of persuasion : The self-validation hypothesis. *Journal of Personality and Social Psychology*, **82**, 722-741.

Petty, R. E. & Cacioppo. J. T. (1984). The effects of involvement on responses to argument quantity and quality : Central and peripheral routes to persuasion. *Journal of Personality and Social Psychology*, **46**, 69-81.

Petty, R. E. & Cacioppo, J. P. (1986). The elaboration likelihood model of persuasion. In L. Berkowitz (Ed.) *Advances in Experimental Social Psychology*, **19**, (pp. 123-205). New York : Academic Press.

Petty, R. E. & Cacioppo, J. P., Goldman, R. (1981). Personal involvement as a determinant of argument-based persuasion. *Journal of Personality and Social Psychology*, **41**(5), 847-855.

Petty, R. E., Harkins, S. G., & Williams, K. D. (1980). The effects of group diffusion of cognitive effort on attitudes : An information-processing view, *Journal of Personality and Social Psychology*, **38**(1), 81-92.

Petty, R. E., Wells, G. L., Heesacker, M., Brock, T., & Cacioppo, J. T. (1983). The effects of recipient posture on persuasion : A cognitive reseponse analysis. *Personality and Social Psychology Bulletin*, **9**, 209-222.

Postman, L. & Phillips, L. W. (1965). Short-term temporal changes in free recall. *Quarterly Journal of Experimental Psychology*, **17**, 132-138.

Priester, J. R., & Petty, R. E. (1995). Source attributions and persuasion : Perceived honesty as a determinant of message scrutiny. *Personality and Social Psychology Bulletin*, **21**, 637-654.

Quick, B. L., Shen, L., & Dillard, J. S. (2013). Reactance theory and persuasion. In J. P. Dillard & L. Shen (Eds.) *The SAGE handbook of persuasion : Developments in theory and practice*. (pp. 167-183). Thousand Oaks, CA : SAGE.

Rains, S. A. (2013). The nature of psychological reactance revisited : A meta-analytic review. *Human Communication Research*, **39**, 47-73. DOI : 10.1111/j.1468-2958.2012.01443.x

Rains, S. A. & Turner, M. (2007). Psychological reactance and persuasive health communication : A test and extension of the intertwined model. *Human Communication Research*, **33**, 241-269.

Raven, B. H. (1965). Social influence and power. In I. D. Steiner & M. Fishbein (Eds.). *Current studies in social psychology*. (pp. 371-382). New York : Holt, Rinehart, Winston.

Raven, B. H. (1992). The power/interaction model of interpersonal influence : French and Raven thirty years later, *Journal of Social Behavior and Personal-*

ity, **7**, 217-244.

Rentfrow, P. J., & Gosling, S. D. (2006). Message in a ballad : The role of music preferences in interpersonal perception. *Psychological Science*, **17**(3), 236-242.

ロジャーズ，C. R.　保坂　亨（訳）（2005）．クライエント中心療法　岩崎学術出版社（Rogers, C. R. (1951). *Client-centered therapy : Its current practice, Implications, and theory*. Boston, MA : Houghton Mifflin）

Rogers, R. W. (1975). A protection motivation theory of fear appeals and attitude change. *Journal of Psychology : Interdisciplinary and Applied*, **91**, 93-114.

サンデル，M. J.　鬼澤　忍（訳）（2011）．これからの「正義」の話をしよう――いまを生き延びるための哲学　早川書房（Sandel, M. J. (2009). *Justice : What's the right thing to do?* New York : Farrar, Straus, & Giroux.）

Schank, C. & Abelson, A. P. (1995). Knowledge and memory : The real story. In R. S. Wyer, Jr. (Ed.) *Knowledge and memory : The real story* (pp. 1-85). Hillsdale, NJ : Lawrence Erlbaum.

Seiter, J. S. (2007). Ingratiation and gratuity : The effect of complimenting customers on tipping behavior. *Journal of Applied Social Psychology*, **37**(3), 478-485.

Sellaro, R., van Dijk, W. W., Paccani, C. R., Hommel, B., & Colzato, L. S. (2014). A question of scent : lavender aroma promotes interpersonal trust, *Frontiers in Psychology*, **5**, PMC4290497, DOI : 10.3389/fpsyg.2014.01486.

Shaw, M. E. (1981). *Group dynamics : The psychology of small groups*. (3rd ed.). New York : McGraw Hill.

Shen, L. (2010). Mitigating psychological reactance : The role of message-induced empathy in persuasion. *Human Communication Research*, **36**, 397-422.

Shen, L. & Bigsby, E. (2013). The effects of message features. In J. P. Dillard & L. Shen (Eds.) *The SAGE handbook of persuasion : Developments in theory and practice*. (2nd ed.). (pp. 20-35). Thousand Oaks, CA : SAGE.

Sherif, M., Harvey, O. J., White, B. J., Hood, W. R., & Sherif, C. W. (1961). *Intergroup conflict and cooperation : The robbers cave experiment*. Norman, OK :

University of Oklahoma Press.
重太みゆき（2013）．印象力で夢をかなえる　三笠書房
下條信輔（1996）．サブリミナル・マインド　中公新書
下條信輔（2008）．サブリミナル・インパクト　ちくま新書
塩沢 萌・大江朋子・望月 要（2012）．身体的温かさの経験が対人的な温かさを促進する—— Williams & Bargh（2008）の追試　日本行動分析学会第30回年次大会論文集，37.
Sigall, H. & Aronson, E.（1969）. Liking for an evaluator as a function of her physical attractiveness and nature of the evaluations. *Journal of Experimental Social Psychology*, **5**（1）, 93–100.
Silvia, P. J.（2005）. Deflecting reactance：The role of similarity in increasing compliance and reducing resistance, *Basic and Applied Social Psychology*, **27**（3）, 277–284.
Snyder, M.（1974）. Self-monitoring of expressive behavior. *Journal of Personality and Social Psychology*, **30**（4）, 526–537.
Stel, M., Blascovich, J., McCall, C., Mastop, J., van Baaren, R. B., & Vonk, R.（2010）. Mimicking disliked others：Effects of a priori liking on the mimicry-liking link. *European Journal of Social Psychology*, **40**, 867–880. DOI：10.1002/ejsp.655
Stel, M., van Baaren, R. B., Blascovich, J., van Dijk, E., McCall, C., Pollmann M. M. H., van Leeuwen, M. L., Mastop, J., & Vonk, R.（2010）. Effects of a priori liking on the elicitation of mimicry. *Experimental Psychology*, **57**（6）, 412–418. DOI：10.1027/1618-3169/a000050
Stiff, J. B. & Mongeau, P. A.（2003）. *Persuasive communication*.（2nd ed.）. New York：The Guilford Press
Strahan, E. J., Spencer, S. J., and Zanna, M. P.（2002）. Subliminal priming and persuasion：Striking while the iron is hot. *Journal of Experimental Social Psychology*, **38**, 556–568.
菅原健介（2014）．対人行動と性格　下山晴彦（編集代表）心理学辞典（pp. 341–344）　誠信書房
Suman, H. C. & Sethi, A. S.（1985）. Interpersonal attraction as a function of pro-

portional similarity in personality. *Journal of Psychological Researches*, **29**(3), 141-148.

鈴川由美・豊田秀樹（2012）．“心理学研究”における効果量・検定力・必要標本数の展望的事例分析　心理学研究，**83**(1)，51-63.

高本雪子・吉見恒平・深田博己（2005）．リアクタンス特性尺度の検討　広島大学心理学研究，**5**，51-68.

高野裕介（2017）．感謝メッセージの説得効果に関する研究――ユーモアの付加による効果の検討　2016年度慶應義塾大学大学院社会学研究科修士論文

田村次朗（2014）．ハーバード×慶應流　交渉学入門　中公新書ラクレ

Thorndyke. P. W. (1977). Cognitive structures in comprehension and memory of narrative discourse, *Cognitive Psychology*, **9**(1), 77-110.

Tidwell, N. D., Eastwick, P. W., & Finkel, E. J. (2013). Perceived, not actual, similarity predicts initial attraction in a live romantic context：Evidence from the speed-dating paradigm, *Personal Relationships*, **20**(2), 199-215, DOI：10.1111/j.1475-6811.2012.01405.x.

Tormala, Z. L., Briñol, P., & Petty, R. E. (2006). When credibility attacks：The reverse impact of source credibility on persuasion. *Journal of Experimental Social Psychology*, **42**(5), 684-691. DOI：10.1016/j.jesp.2005.10.005

豊田秀樹（編著）（2015）．基礎からのベイズ統計学――ハミルトニアンモンテカルロ法による実践的入門　朝倉書店

Tulving, E. (2002). Episodic memory：From mind to brain. *Annual Review of Psychology*. **53**, 1-25.

Tversky, A. & Kahneman, D. (1981). The framing of decisions and the psychology of choice, *Science*, **211**, 453-458.

梅津豊司（2010）．エッセンシャルオイルの薬理と心――アロマテラピーの効能の科学　フレグランスジャーナル社

Vacharkulksemsuk, T., Reit, E., Khambatta, P., Eastwick, P. W., Finkel, E. J., and Carneya, D. R. (2016). Dominant, open nonverbal displays are attractive at zero-acquaintance. *Proceedings of the National Academy of Science of the United States of America*, **113**(15), 4009-4014, DOI：10.1073/pnas.

1508932113.
van Bavel, J. J., Mende-Siedlecki, P., Brady, W. J., & Reinero, D. A. (2016). Contextual sensitivity in scientific reproducibility. *Proceedings of the National Academy of Science of the United States of America*, **113**(23), 6454-6459.
van Swol, L. M. (2003). The effects of nonverbal mirroring on perceived persuasiveness, agreement with an imitator, and reciprocity in a group discussion, *Communication Research*, **30**(4), 461-480.
Varela, J. A. (1971). *Psychological solutions to social problems*. New York：Academic Press.
涌井良幸・涌井貞美（2012）．史上最強図解　これならわかる！ ベイズ統計学　ナツメ社
Walster, E. & Festinger, L. (1962). The effectiveness of "overheard" persuasive communication. *Journal of Abnormal and Social Psychology*, **65**, 395-402.
渡邊芳之（2016）．心理学のデータと再現可能性　心理学評論，**59**(1)，98-107.
Williams, L. E., & Bargh, J. A. (2008). Experiencing physical warmth promotes interpersonal warmth. *Science*, **322**, 606-607.
Wilson, E. J. & Sherrell, D. L. (1993). Source effects in communication and persuasion research：A meta-analysis. *Journal of the Academy of Marketing Science*, **21**(2), 101-112.
Wilson, M. (2002). Six views of embodied cognition. *Psychonomic Bulletin and Review*, **9**, 625-636.
Witte, K. (1992). Putting the fear back into fear appeals：The extended parallel process model. *Communication Monographs*, **59**, 329-349.
Witte, K. & Allen, M. (2000). A meta-analysis of fear appeals：Implications for effective public health campaigns. *Health Education & Behavior*, **27**, 591-615. DOI：10.1177/109019810002700506.
Wood, W. & Quinn, J. M. (2003) Forewarned and forearmed? Two meta-analytic syntheses of forewarnings of influence appeals. *Psychological Bulletin*, **129**, 119-138.
矢野　香（2014）．【NHK式＋心理学】一分で一生の信頼を勝ち取る法——

NHK式7つのルール　ダイヤモンド社
油尾聡子・吉田俊和（2009）．迷惑抑止メッセージと記述的規範が社会的迷惑行為と感情に及ぼす効果　応用心理学研究，**34**，155-165
Zajonc, R. B. (1965). Social facilitation. *Science*, **149**, 269-274.
Zajonc, R. B. (1968). Attitudinal effects of mere exposure. *Journal of Personality and Social Psychology*, **9**, 1-27.

さくいん

あ 行

怒り 86
一面提示 124
イメージ没入モデル 151
依頼・要請 9
受け手 4
嘘 50
送り手 4

か 行

香り 80
カプトロジ 18
カメレオン効果 165
感謝メッセージ 209
帰無仮説検定 211
強化 58
強化理論 57
共感喚起影響力 181
共感性 104
恐怖アピール 51
迎合・ご機嫌取り 86
傾聴 195
権威者 175
合意的妥当化 58
効果量 215
好感度 72
交渉 184
交渉不調時の代替案 189
行動的模倣 165
幸福 86
コミットメント 114
コンフリクト 186

さ 行

罪悪感 51, 86
サブリミナル 48
サブリミナル刺激 62
サブリミナル・プライミング 41
参照影響力 178
自己開示 60
自己検証 36
システム 1 31
システム 2 32
視線 162
事前仮説登録制 214
視線交差 162

質問　197
視点取得　104
社会的影響力　169
社会的促進　82
社会的手抜き　82
自由　91
自由への脅威　89, 96
周辺ルート　28
出版バイアス　211
順序効果　129
少数派　183
焦点化錯覚　79
情動　85
情報影響力　179
初頭効果　129
新近効果　129
身体化認知　78
身体的言語　162
信頼性　69
心理的リアクタンス　90
ストーリー　141
ストーリー説得　148
制御焦点理論　167
制御適合理論　167
精査　30
精査可能性モデル　28
正当影響力　176
説得効果　67
説得の定義　12
説得メッセージ　19
説得目標　123
専門影響力　175
専門性　68
促進焦点　167

た　行

対人関係影響力　181
対人距離　162
対人魅力　54
態度　5
単純接触効果　48, 61
中心ルート　30

な　行

認知的容易性　38
認知理論　58
ネガティブ感情　138

は　行

背景音楽　79
罰影響力　173
非言語的コミュニケーション　161
必要標本数　215
ヒューリスティクス　27
ブーメラン効果　97
プライミング　41
プライム　40
ブレインストーミング法　193
フレーミング　133
プロスペクト理論　134
返報性　65, 197
報酬影響力　171

ポジティブ感情 138

ま 行

ミラーリング 56, 165
魅力影響力 178
メタ分析 60, 216
メッセージ混在効果 132
漏れ聞き効果 47, 83
問題のある研究慣行 210

や 行

役割関係影響力 181
やらせ 50
ユーモア 138
抑制焦点 167

ら 行

両面提示 124
倫理 ii
倫理性 44
類似性 54
例数設計 215
論拠 23, 34, 119

英 字

BATNA 189
p ハッキング 210
QRPs 210
r（効果量） 62
Win-Win 法 192

著者略歴

今井芳昭（いまい よしあき）

1958年　埼玉県に生まれる。

1981年　学習院大学文学部心理学科卒業

1988年　東京大学大学院社会学研究科社会心理学専門課程
　　　　博士課程単位取得満期退学

現　在　慶應義塾大学文学部教授　博士（社会学）

主要編著書・訳書

『影響力の武器』（第3版・共訳）（誠信書房，2014）

『心理学研究法　第5巻　社会心理学』（共著）（誠信書房，2012）

『市場における欺瞞的説得：消費者保護の心理学』（共監訳）（誠信書房，2011）

『影響力――その効果と威力』（単著）（光文社新書，2010）

『心理学から見る日常生活』（編共著）（八千代出版，2010）

『仕事のスキル』（共編著）（北大路書房，2009）

『依頼と説得の心理学――人は他者にどう影響を与えるか』（単著）（サイエンス社，2006）

『影響力を解剖する』（単著）（福村出版，1996）

電子メール　yimai@a6.keio.jp

ホームページ　http://www.ne.jp/asahi/socialpower/yimai/

新世ライブラリ Life & Society — 1

説得力
——社会心理学からのアプローチ

2018年4月10日© 初版発行

著者 今井芳昭
発行者 森平敏孝
印刷者 杉井康之
製本者 米良孝司

【発行】 株式会社 新世社
〒151-0051 東京都渋谷区千駄ヶ谷1丁目3番25号
編集 ☎(03)5474-8818(代) サイエンスビル

【発売】 株式会社 サイエンス社
〒151-0051 東京都渋谷区千駄ヶ谷1丁目3番25号
営業 ☎(03)5474-8500(代) 振替 00170-7-2387
FAX ☎(03)5474-8900

印刷 ディグ 製本 ブックアート

《検印省略》

ISBN978-4-88384-277-3

PRINTED IN JAPAN

サイエンス社のホームページのご案内
http://www.saiensu.co.jp
ご意見・ご要望は
shin@saiensu.co.jp まで.